靓点营销

——人们为什么要受累去买你的产品？

〔英〕罗伯特·克雷文 著

代 芊 蔡亦默 译

2013年·北京

Robert Craven
Bright Marketing
©2007 Robert Craven

Original English language edition published by Crimson Publishing, Westminster House, Kew Rd, Richmond, Surrey, TW9 2nd, UK.

All rights reserved.

图书在版编目 (CIP) 数据

靓点营销/（英）克雷文著；代芊，蔡亦默译.—北京：商务印书馆，2013
ISBN 978-7-100-08332-4

Ⅰ.①靓… Ⅱ.①克…②代…③蔡… Ⅲ.①营销—基本知识 Ⅳ.①F713.5

中国版本图书馆 CIP 数据核字（2011）第 077375 号

所有权利保留。
未经许可，不得以任何方式使用。

靓点营销
——人们为什么要受累去买你的产品？
〔英〕罗伯特·克雷文 著
代 芊 蔡亦默 译

商 务 印 书 馆 出 版
（北京王府井大街36号 邮政编码 100710）
商 务 印 书 馆 发 行
北京瑞古冠中印刷厂印刷
ISBN 978-7-100-08332-4

2013 年 3 月第 1 版　　　　开本 880×1230　1/32
2013 年 3 月北京第 1 次印刷　印张 7¼
定价：23.00 元

献给卡尔、杰西、邦尼和本

目 录

前言   1
作者序——在竞争中获胜   3

第一章 初步释疑   1

1. 市场营销的常见问题   3
2. 什么是市场营销？   6
3. 为什么人们舍此求彼去购买你的产品？   9
4. 你的市场营销策略是什么？   13
5. 为什么（传统的）市场营销模式不奏效？   16
6. 市场营销的效果：我的市场营销做得如何？   22
7. 我是怎么做的？   25

第二章 普遍适用的有效工具   35

8. 七乘三法则（7×3）   37
9. 找到最有效的销售方法   39
10. 一分钟推介   49
11. 一分钟品牌测试   56
12. 争取业务：三个要诀   61
13. 80:20 法则：生意中的"少数重要法则"   71
14. 提高价格   79

15. 专家　　　　　　　　　　　　　　　　　　　　85
　　16. 综合运用："顾客就是上帝"的七个要点　　　　93
　　17. 客户体验　　　　　　　　　　　　　　　　　118
　　18. 客户服务的最佳秘诀　　　　　　　　　　　　121

第三章　其他工具：自助选择　　　　　　　　129

　　19. 市场营销工具包　　　　　　　　　　　　　　131
　　20. 壮大企业的方法之一：安索夫矩阵　　　　　　134
　　21. 壮大企业的方法之二：乘数效应　　　　　　　141
　　22. 快捷策略四步骤：一种快捷有效地计划进程的工具　　148
　　23. 五乘五法则（5×5）　　　　　　　　　　　　151
　　24. 专业服务公司（PSF）：2010　　　　　　　　155
　　25. 陌生型客户、友好型客户、追随型客户：逆向市场营销　　160
　　26. 销售漏斗／勘探漏斗：客户关系和渠道　　　　162
　　27. 客户基本原则　　　　　　　　　　　　　　　167
　　28. 创造一项独特卖点（USP）　　　　　　　　　168
　　29. 影响力图表　　　　　　　　　　　　　　　　172

第四章　靓点营销宣言　　　　　　　　　　　175

　　30. 市场营销的不变法则　　　　　　　　　　　　177
　　31. 关键问题　　　　　　　　　　　　　　　　　188
　　32. 箴言片语　　　　　　　　　　　　　　　　　203
　　33. 靓点营销并非无所不能　　　　　　　　　　　207
　　34. 靓点营销宣言　　　　　　　　　　　　　　　208

　　参考书目／扩展阅读　　　　　　　　　　　　　212
　　作者简介　　　　　　　　　　　　　　　　　　215

前 言

如果你去听罗伯特·卡莱文的演讲,你会立即发现,接下来的体验将充满活力又令人兴奋。营销这门学科经常被过于复杂化,罗伯特却让营销不再神秘。他向听众传授简单实用的工具和技巧,帮助他们的企业更加成功。在巴克莱,我们非常乐于与罗伯特一起主持"来讨论吧……靓点营销"研讨会。我们这样做的根本原因在于,罗伯特和"靓点营销"活动体现出的对客户的热情是巴克莱一贯坚持的。参加研讨会的代表给我们的反馈相当令人满意。更重要的是,他们通过应用在"靓点营销"中学到的工具和技巧,会很快因业绩提升而获益。"靓点营销"哲学的核心是一种极具活力的使企业发展的简单方法。它实事求是地教给我们如何赢得更多更好的客户。"靓点营销"方法没有术语,它集中关注的问题是"当我回到自己的企业时可以采取什么不同的做法",实用,务实,更重要的是易于操作。只需在富有激情的小企业家周围坐下,你就会发现"靓点营销"研讨会的体验是多么富有感染力了。更关键的是,它传授的方法是有效的。"靓点营销"提出的问题不仅让新手头痛,同样会难倒最富经验的营销员。"人们为什么要买你的产品?""你的产品有什么特色?""你是否站在客户的角度上来审视自己的企业?"这些问题是企业家必须要思考和回答的,也让他们有机会充分放飞自己的思想。所有企业,不论大小,都面临同一评判标准:它们的产品营销和销售是否出色。所以,对于所有努力工作并具有创新精神的企业家来说,有一本书教给你简单实用的方法来提高销售业绩、增加利润是非常值得肯定的。

约翰·戴维斯
巴克莱银行国内部营销总监

作者序

在竞争中获胜

当人们可以从你的竞争对手那里购买产品时，为什么要选择你的？你的企业有什么与众不同？我们现在生活的世界，一切产品都标榜自己更胜一筹，却又看上去千篇一律，别无二致……《靓点营销》认为，在一个充满平庸的世界里想要脱颖而出并不困难。如何做到呢？绝大多数企业都试图满足所有人的所有需求……它们被视为多面手、万能器。相反，践行"靓点营销"原则的企业因为它们的深入和专业赢得声名（当然也可卖出最高价！），成为客户的第一选择。关键是你得知道如何做到这一点。在推崇美名的世界里，人们有选择权……他们可以购买普通企业的产品，也可以购买市场领先者的产品。无论你的企业是什么层次，当地的、区域的、国家的或是国际的，你都能在竞争中获胜。绝大多数企业只是技术方面的专家，却不知如何与客户进行有效沟通……与此同时，顾客只有在认为某个企业最好的时候，才会去购买它的产品。那么，结果可能就是，顾客从他们认为是最好的企业那里购买产品，会是你吗？现实存在的问题是，绝大多数企业太自恋，顾影自怜自己的产品……他们并没有花足够的时间从顾客的立场上来审视自己的企业。

你需要脱颖而出，如何做到这一点呢?

《靓点营销》将向你展示如何在行业内崭露头角。这是一本关于品牌、定位、创业精神的书，但它告诉我们的绝不仅仅是这些。

它适合专业营销人员吗?

是，又不是！

可以说基本上不适合……《靓点营销》并不是标准的营销读本，也不是教科书。作者写作的目的并非帮助读者通过考试或获得资格。但是，专业营销人员会推荐它为提高销售的务实方法。事实上，我们关注的重点就是如何提高企业的销售额。

目前已经有一大批专业营销员成为"靓点营销"的实践者，在工作或与客户交往中应用"靓点营销"的方法。我们对此非常欢迎。

它适合你吗?

如果你自己正在经营企业，希望（以较低的成本）获得更多的客户，想要获得实事求是的指导，那么它就适合你。

如果你正在帮助别人发展企业，它就适合你。

如果你希望有务实的工具来获得更多的客户，它也适合你。

这本书与其他关于营销和销售的书籍有何不同？

《靓点营销》的成书基础并不是多年辛苦而又乏味的方法研究……也不是那些聪明的木屐理论等等，那些理论恐怕只有营销学的教授才能明白。

它是切切实实为你的企业服务的。

"靓点营销"研讨会

本书取材于获得大奖的"来讨论吧……靓点营销"研讨会。我们询问了15000多名企业家和经理人，他们想知道有关营销的哪些知识。研讨会给他们提供了答案，而且他们马上就可以将学到的方法付诸实践。

必须要参加研讨会吗？

不，绝非必须参加，不过，能参加一次当然最好。

本书是独立成卷的，不参加研讨会照样可以阅读。但研讨会上的讨论的确是有益的。阅读本书唯一的前提条件是，你要有热情并且愿意去探索新方法来扩展自己的企业。你需要明白的最重要的事情是，书中提供的工具和技巧是有效的，如果你应用"靓点营销"的理念，就能获得更高的利润。我们在自己的企业以及客户的企业中已经应用了那些工具和方法，也得到了足够的实例和证据来证明，这些建议和材料将帮助你获得更多客户和利润。

如果你需要更多关于"靓点营销"研讨会的信息，请访问我们的网站www.bright-marketing.com。

本书与罗伯特的其他著作有何关系？

《靓点营销》体现出的实事求是的方法与《开创你的企业》和《客户为王》一脉相承。

使用我们的网站

与本书配套，我们建立了一个网站，www.bright-marketing.com。网站上有相关指导、论文、案例研究和其他材料，帮助你获得更多客户。本书读者还可获得免费补充材料。网站密码是"bright"。

本书的结构

《靓点营销》由四部分构成。

1. **基础步骤**　首先，本书探讨了营销的核心是什么，它对你有何意义。

2. **适合所有企业的有效工具**　与我们合作的所有企业大都应用了这些工具，你不可错过。

3. **适合个案的其他工具**　这个系列的工具中，有些对扩展你的企业非常有效（有些可能不太适合）。

4. **靓点营销宣言**　通过一系列法则、核心问题、宣言对靓点营销哲学作出总结。

如何使用本书

用任何你愿意的方式使用本书。

从头读到尾。

或者直接跳到你的企业需要的方法。

在空白处作笔记,在你想记住的内容下画线——我对你的唯一请求是,将本书用作一个杠杆,来发展你的企业。

除非你行动起来,你的企业不会有改观——行动是本书的核心。我只能告诉你工具,你自己必须使用它们。

事实上,如果你有想要买这本书的愿望,那么,这个事实就表明你事业上希望有变化发生。

"去读它吧!"

罗伯特·克雷文
rc@robertcraven.co.uk
2007年7月于巴斯

第一章
初步释疑

初步释疑

- 市场营销的常见问题
- 什么是市场营销?
- 为什么人们舍此求彼去购买你的产品?
- 你的市场营销策略是什么?
- 为什么(传统的)市场营销模式不奏效?
- 市场营销的效果：我的市场营销做得如何?
- 我是怎么做的?

我们首先研究两个问题：市场营销的核心是什么（而不是什么）？它对你有何意义？"靓点营销"活动的参与者反复询问有关市场营销的基本问题，我们称之为 FAQs（常见问题）。也许将之称为 VFAQs（非常常见的问题）更为妥当。

我们将主要问题列出，并继续思考以下问题：什么是市场营销？为什么它（往往）不奏效？你擅长做营销吗？

第一章的内容主要涵盖了本书的基本理念，并为第四章的"靓点营销"宣言打下坚实基础。

市场营销的常见问题

首届"靓点营销"研讨会是在2002年中期举行的,之后又举办了200多次,大约共有15000名企业家、经理人和董事参加了会议。他们为什么来参会?他们想知道些什么?

每次活动都以同一种方式开始,都会这样问:"在活动结束时,你想知道如何去做吗?"

在这样反复询问了200多次以后,对于人们希望知道的市场营销的关键问题,我们有了充分了解。本书以一种易于理解的方式,将这些关键问题进行了总结(更重要的是,还提供了这些问题的答案),你可以用适合自己的方式来使用。

简单而言,与会者想知道答案的主要问题都包含在以下7个问题中:

- 什么是有效的?
- 如何进行沟通?如何才能让人愿意听你说?
- 如何集中重点?如何设定目标?
- 如何进行评估?
- 如何脱颖而出/如何让他人把你的话听进去?
- 如何在没有预算的情况下提高销售?
- 如何才能让其实现?

你会发现本书的章节多有重叠，一个标题下并不只讲一个内容，同样的内容在其他章节也有论述。因为，本书的章节是按照研讨会的实际顺序排列的。

在这200多次活动中，无论是跨国公司的董事总经理还是小企业主，都不断提出了一些相同的问题。

为了让你对这些热门问题心中有数，我们来看看这些问题：

■ 如何才能壮大我的企业？
■ 什么是最有效的？
■ 人们都买什么样的产品？
■ 如何才能让人们从我手中购物？
■ 如何做到"花小钱获大利"？
■ 怎样知道我们做得如何？
■ 如何赚更多的钱？
■ 应该对市场营销投入多少？
■ 如果只能做一件事，那它应该是什么？
■ 如何提高销售？
■ 如何拥有更多顾客？
■ 如何拥有更多优质客户？
■ 如何让我的团队理解营销计划？

知道了这些，下一步该怎么做？

　　本书将会告诉你这些问题的答案——也就是说，会告诉你如何让更多（优质）顾客从你手中购物的方法。

什么是市场营销？

对我而言，"市场营销"是被商界曲解的词语之一。如同"策略"一样，我们在所有地方都使用"市场营销"这个词语，并根据当时的氛围和个人的倾向赋予它不同的含义。难怪这类词汇，包括过多使用这类词汇的人，不受人重视。

教科书上的定义（既枯燥又无用）

教科书上关于市场营销的定义是：

辨知客户需求并满足客户需求，以获得利润。

但这是个非常枯燥而学术化的定义，如果你在经营企业，此定义则不太有用。

稍好一些的定义

好一点的解释可以是：

市场营销就是要决定：和什么样的顾客做生意……如何战胜对手赢得客户……以及如何将其实现。

因此，从其本质而言……

市场营销，是从顾客的视角来看待你的企业。

第一章 初步释疑

问问你自己这些问题

- 我们的产品或者服务能解决什么问题?

  ....

  ....

  ....

- 人们为什么要购买你的产品?

  ....

  ....

  ....

- 我们能提供哪些竞争对手所无法提供的优惠?

  ....

  ....

  ....

- 如果我们没有提供额外的优惠,那么人们到底为什么还会购买我们的产品?

  ....

  ....

  ....

7

> **关 键 点**
>
> 　　生意本身就能显示企业的很多信息，如同企业的辐射力。没有沟通是不可能的——你一直在沟通，你所做的一切都是在沟通。因此，你应该确定你希望沟通的是什么，你需要弄清楚你想和谁进行沟通……，你希望他们获得什么信息。
>
> 　　在某种意义上，市场营销就是沟通。

更宽泛的定义（听起来乏味但确实起作用）

　　市场营销就是要系统地选择沟通的方法、沟通的内容和沟通的对象……，目的是争取到更多你想做的生意。

里吉斯·麦克纳（Regis McKenna）……

　　市场营销就是一切。

那会怎样？

　　我知道你觉得奇怪。如果大多数人不知道或者不认同市场营销的含义，那他们在营销方面做得很糟糕就不足为奇了。是的，市场营销就是一切，就是要系统地选择沟通的方法、沟通的内容和沟通的对象……，目的是争取到更多你想做的生意。

为什么人们舍此求彼去购买你的产品？

"靓点营销"宣言的核心所在，就是这句话："在众多商品提供者中，人们为什么单单选择你？"这一观点贯穿全文，也是本书的基础。

停下来想一想

如果你和竞争者相同无异，人们为什么要舍此求彼购买你的产品呢？

抱歉，我想不出个中缘由来，尤其是当你的竞争者具备以下特点时，就更找不到原因了……

价格更便宜；

速度更快捷；

使用更方便；

技术含量更高；

或者其他特点！

重要问题

事实上，银行、建筑协会、商店、咨询公司、酒吧……几乎任何企业都关注这一重要问题：Why should people bother to buy from you？（人们为什么会舍此求彼去买你的产品？）简写为 WSPB2BFY？

如果你不能回答这个问题，那么你就被禁止通行了，也赢不了200英镑了（如同大富翁游戏一样）。

停下来想一想

我们生活的世界庸品泛滥——任何商品都自吹自擂强于对手，但其实却和其他商品几无差异。

企业家们……

  雇用的员工水平几无差异……

  我们具备的资质几无差异……

  我们提供的薪酬几无差异……

  使用的软件几无差异……

  运营的设备几无差异……

有购买力的客户群几无差异，其需求也几无差异……

  提供的产品几无差异……

  制定的价格几无差异……

  竞争对手也几无差异！

关键点

  在庸品泛滥几无差异的时代，我们只需要和对手稍有不同，哪怕只有5%的小小差异，便会脱颖而出。

现在就开始有所不同吧！

我非常喜欢塞思·戈丁（Seth Godin）的这句名言……

从事专业的市场营销服务是我所见过的最安全的行当之一。因为它虽然看上去毫无风险，其实却风险极大。

如果你只醉心于客户或产品数量所带来的安全感，而产品却平淡无奇，那么你的风险就加大了。人们可以在你的墓志铭上这样写道：

躺在这里的，也是个商人。他的企业做得还不错，但算不上伟大。没人会记得他，但至少他不比别人差。

更深层次的思索：人们到底购买的是什么？

我们都是顾客，也都是消费者——我们为自己的家庭和企业购买产品和服务，因此，回归到企业的基础层

事　实

请记住并领会以下含义：

只有当商家给消费者提供的好处大于产品花费时，该产品才是真正成功的产品。

事　实

我知道这是显而易见的……但我们要做的就是（反复）强调这种显而易见：

人们购买的往往是产品的附加好处，而不只是它的产品特性。

关键问题（尤其对于企业主而言）在于，我们太关注所提供的产品的特性，而忽视了产品成为顾客首选的原因！

面，提出这样一个问题，似乎有些奇怪。

那会怎样?

你是否给你的顾客提供了大于产品价格的好处呢？

你的市场营销策略是什么？

如果"市场营销就是一切"，就是要"系统地选择交际的方法、交际的内容和交际的对象……，目的是赢得更多想做的生意"，那么你该如何将其实现？

不可思议的是，一个好的开头就是好的结尾。如果你知道"成功"是什么样的，那计划如何到达"成功彼岸"就容易得多。

如同其他策略（又是一个被滥用的词！）一样，你的营销策略就是指导你到达成功彼岸的路线图。那么，最基本的问题就是，"你对市场的展望是什么？"请把它写下来。换句话说就是：

为什么……哪些顾客……将会选择我们？

行动要点：你的营销愿景

请写下来：

1. 你现在的和将来的市场位次（和竞争对手相比）。

〔例如，我的饭馆现在在城里排名第10，但三年后的营业额将会达到排名第二〕

_____

_____

2.你现在的和将来的客户定位（他们如何看待你）。

〔例如，现在我们只是城里一家新颖特别的饭馆，有点太前卫，但三年以后我们将会成为"真正享受美餐的地方"〕

....

....

....

....

3.你如何达到新的目标，并长期保持下去？

〔例如，提供持续卓越的客户体验，加上良好的口碑和相互推荐——定会创造出热火朝天的局面〕

....

....

....

无论任何生意，你都要尽力对产品进行市场推广，具体说来就是树立品牌。

品牌就是……

品牌的定义可以综合为以下几点：

- 名扬天下、便于记忆的标志;
- 一系列或明确或含蓄的允诺;
- 反映个性特点;
- 体现市场定位。

　　当你看完这本书,你应该知道如何使用品牌来传递信息。

为什么(传统的)市场营销模式不奏效？

市场营销和营销人员应当受到指责。简单地说，传统的市场营销就像是皇帝的新衣——每个人都对它评头论足，并惊叹于它的华美。与此同时，我们似又在营销上投入了大量的时间和金钱，却没有得到承诺的收益。

"常规营销模式"失败的五个原因
（尤其对于你的企业）

我们一直致力于建立市场营销，不达目标誓不罢休。但这对你的企业帮助并不是很大。那么让我们来重点分析一下你的企业市场营销失败的主要原因，如下所示：

1) 缺乏承诺保证

如果你不相信自己的产品，或者你推广产品的方法前后不一，不合常规，那么你就不会成功。你的计划应该保证你运用恰当的资源，投入恰当的精力，使得产品热销。

2) 缺乏清晰的产品优势

你销售的产品必须是人们需要的。因此，必须贴近你的客户（或潜在客户），发掘出什么才是他们真正想要的，搞清楚什么是你必须提供的。不要只是做那些你认为容易或者有趣的事情。顾客不会关心你获得了多少趣味。他们只想知道 WIIFM，即该商品对我有何用处（What's In It For Me?）。

3）营销定位失当

如果你和竞争对手实力相同，产品价格相同，提供的好处也相同，那人们为什么要舍此求彼购买你的产品？你需要清楚地知道你能提供什么，为什么顾客会选择你。这些反过来也能告诉你，该如何有效地推广和宣传你自己。

4）产品简单傻瓜型准则（KISS 准则：Keep It Simple Stupid）

其实，"简单就是美！"我们具有把事物复杂化的能力，但简单、清晰和重点突出带来的却是我们所追求的利润，这一点往往被我们忽视了。

5）被思绪混乱的各种分析所麻痹

这种情况，通常是由于参加了太多并不适合自己的营销课程，阅读了大量针对大公司的专业营销部门（那里养得起庸才）的书籍而导致的。

传统的营销模式在如今不大奏效，因为那是一种粗放过时的行为方法。过去，在广告投入和销售增加之间关系非常直接，现在的情形早已改变。简单的供需变化导致了广告所带来的回报正在下降。对于时间日益减少、关注度日益降低的顾客们，有太多的产品都试图通过数量激增的媒体来吸引他们的注意力。而其效果之和，已不再是简单相加可得了。

关键点

按照老理行事再也行不通了。如果你的竞争对手都在朝着更快、更好、更优的目标努力，而你却没什么不同，人们为什么选择你呢？

现在看看你的企业，试着改变吧，哪怕只是按某一重要标准改变其一。

箴言片语

如果要在与众不同和精益求精之间作出取舍，我宁愿选择与众不同。当然，最理想的是既有所不同又精益求精。

该做什么？

站在顾客的角度看待你的企业。为什么他们会购买你的产品？将你自己和众多竞争者区分开来，远比和他们站在一条线上要更有意义。

你是斑马吗？

"脱离群体"的斑马往往被猎物首先发现，而当一群斑马在一起奔跑时，这个群体内的每个成员都看似相同……，这样也安全……。如果你想让潜在客户注意到你，就需要"脱离群体"。在商界，被人注意就能增加提高销售的机会。

霍默·辛普森（Homer Simpson）对此的观点

你知道那些被放置在车顶天线上的装饰球，那么你能在停车场上找到它们吗？它们其实应该安放在所有车上！

现实案例

杰伊·亚伯拉罕（Jay Abraham）在《咨询师的游击营销策略》(Guerrilla Marketing for Consultants) 一书中探讨了管理咨询师们是怎样自我推销的。他们的个人网站（极其相似）都在不遗余力地向人们证明他们具备下列能力：

- 提供物有所值的服务，价格最优；
- 准时交付，使用公认的方法手段；
- 员工素质高，具备资格证书，经验丰富；
- 做事系统化；
- 拥有重要客户的资历较长；
- 收到很多没有署名的表扬信及资料。

> **关 键 点**
>
> 在多数行业中，相同性总是充斥其间；众多竞争者的区别并不大，供应商供过于求，比如管理咨询这一行业，行业的准入门槛就相对较低。

> **事 实**
>
> 如果你采取和其他对手相同的方法宣传产品的特点，你就和对手没什么两样。

但是，如果你以不同的方式推广产品，比如，具备以下某一特点时，你就有可能从竞争者中脱颖而出，得到顾客的认同。

- 你是思想领袖、行业权威、优秀的产品推广者；
- 你是公认的行家、新思想的践行者；
- 你拥有被认可的系列证明材料；
- 你提供真正的保障（退款保证或者满意付款保证）；
- 你能够进行真正的创新，敢于向传统挑战，也很诚实。

干扰式营销

传统的营销模式被认为是一种"干扰式"的市场营销。它试图在顾客对产品关注度较高（并且对你的相关信息较容易接受）时，将其产品推荐给顾客。但随着消费者对越来越多相似产品的销售广告逐渐感到麻木时，对于火车、影院、电视和报纸上的广告，其作用就已骤降了。

要在当今的市场环境下生存，不能限于简单模仿竞争者，你还需要做更多功课。效仿对手是庸者的行事方式。如果你和对手只是"半斤八两"，没有太大区别，你也不会被顾客所记得。这一点务必要警醒。

停下来想一想

早些时候，你的广告宣传活动何时开始，你一目了然。但鲜明的广告活动和含蓄的推广活动之间的界限正在逐步淡化。"产品定位"（即对高收视率的电视剧和电影中的广告播放权进行购买）已变成越来越普遍使用的手段，以使产品与"优质、超值"相联系。部分商家甚至采用某些"特别手段"，花钱雇用演员专门在公共场合使用和讨论其产品，借以引起大讨论和人们的兴趣。

现在是时候来想想如何做到与众不同（而非与众相同）了。这并不是要制造廉价的噱头，而是要向顾客和消费者提供他们认为有价值并且需要的产品。

市场营销的效果：我的市场营销做得如何？

在"靓点营销"研讨会上，我们使用了以下的表格形式，让参与者仔细思考他们市场营销的效果到底如何。

通常，人们对营销的评价标准是：在营销方面花费了多少钱，或者宣传手册的制作有多精美，即市场营销的投入或成本。这些标准似乎有些多余。营销的根本目的是促使更多客户光顾于你……或者是保持现有客户并使之购买更多产品。因此你真正需要做的，就是衡量营销效果（而并不是你的投入或者成本）。

> **关 键 点**
>
> 在评估你的营销时，请衡量其效果——它是否带来了你想要的结果？不要将牛排的香味和牛排本身混淆。要衡量的是产出和结果。

市场营销不是一项创造精美艺术品的活动（除非那能帮助你获得更多业务！）。营销并不是刺激艺术总监感官敏感度的心智吸引过程，营销的本质就是通过和潜在/已有的客户沟通，使得他们光顾于你而不是你的对手。请牢记这些原则，并在下面的表格上给自己打分。

　　当问及那些刚刚参加完某一市场营销研讨会的企业家时，几乎所有人都非常反感那种形式上极具吸引力，实际上却和现实脱节、毫无效果的方式。

> **事　实**
>
> 　　市场营销，正如它通常所示，总是达不到效果。

你的市场营销效果

1. 我们完全致力于自己的市场营销和销售计划。
（如果我们将其放在首位！）

%
1 – 10 – 20 – 30 – 40 – 50 – 60 – 70 – 80 – 90 – 100
仍然是梦想　　　　　运气不错　　　　　已然成功

2. 客户清楚地知道如果他们选择我们，他们将会得到什么。
3. 客户知道我们为何与众不同。
4. 我们把一切简单化，使客户和自己都容易理解。
5. 决策很容易，因为我们清楚地知道我们努力的目标。

那会怎样？

　　正如大多数自以为是的营销书籍（读起来"浮华虚夸"）所宣称的那样，需要一种新的范例。那么，如何发掘并满足顾客需求？其简单而有效的方法当然就是必需的！

市场营销和销售的问题

当谈及市场营销时,你能根据人们的评论而了解他们需要什么样的帮助。以下所列都是非常标准的评价,如果最近几个月你也发出过类似的抱怨,请在那些句子上面打钩!

- 我们的价格很容易被对手赶上或超越,对手似乎要超过我们了……
- 广告越来越贵,效果越来越差;我们把太多的时间和金钱花在促销上,却并不知道效果到底如何……
- 我们入错行了——也许我们应该做个网络策划师,因为他们好像赚走了所有的钱……
- 销售成本在上升……
- 我们所谓的创新项目看上去总是和对手的没什么两样……
- 很多都被放弃了……
- 对于未来,我们没有明确的想法……

现在是你该采取措施的时候了。

你需要像看待其他商业投资一样来看待市场营销。评估成本和随后的利益所得,即衡量评估投入和产出,以便确定哪些工作对你最有效。

我是怎么做的？

你必须清晰了解自己当前的位置所在，方能谈及未来梦想。你的能力是什么？你的潜能成长空间在哪儿？

你可以用下面提到的"FiMO"框架来确认企业的优势和劣势，并评估其能力发展。这一框架现在已被运用于上千家企业，并获得了惊人的成果，它能告诉你该把精力放在何处。如果你欺骗它，你就在欺骗你自己。

简 介

当你审视自己的企业时，你必须使用某种方式来评估其发展状况。你需要一个框架来帮助你评估自己（从业至今）的经营业绩。商学院和商务顾问那里储备了大量的企业架构和模型，问题是它们往往不能给予你的企业发展很多帮助。

本章介绍的框架模型重点在于关注企业本身，它的英文缩写是 FiMO。

FiMO 是一种关注企业本身及其经营业绩的框架模型。它的用途如下：

■ 被银行用于评估企业；
■ 被与你企业共事的专家和顾问所使用；

- 用于撰写企业健康状况检查报告；
- 用于评估企业的优势和劣势；
- 用于公司内部（或其他公司）展开讨论，对"进展情况"统一看法。

关于自己的奋斗目标，只有少数公司有一定的计划和想法，在关注未来的计划之前，你需要知道企业现在的经营状况如何。

评估你的企业迄今为止的经营业绩

"该用何种方法来评估你的企业迄今为止的经营业绩？"当企业家们被问及这一问题时，把得到的回答列个表，发现答案几乎一模一样，只有个别差异。

这个表格包括以下评估方法：

- 单位营业额；
- 毛利润率和净利润率；
- 资本收益率；
- 经理人薪酬/所有者账户；
- 流动资产；
- 现金流；
- 股票；
- 工资单，等等。

虽然他们所列的这些财务评估手段都是值得称

道的，但在某种程度上而言，并没有切中要害。真正重要的，远不只是财务状况。

会计师保罗（Paul）这样认为：

财务就像是企业的发动机，如果没有它，企业就没有存在的必要。现金流如同维持企业运营的润滑油，因此财务才是唯一真正重要的。

但我依然不无担心：

那种认为财务是企业唯一重要的说法非常荒诞。对企业状况的了解不单单仅限于财务状况。虽然我不否认财务管理的重要性，但你需要知道：财务仅是两个因素（市场营销和企业经营）作用的结果……

那么，当评估企业迄今为止的经营业绩时，我们为什么总是转到财务指标上呢？

原因有以下几点：

首先，阅读财务数据并衡量财务状况非常容易——它们在某种程度上让人感到科学和客观，毕竟所有的数字都可以用来进行比较。

其次，大部分的商务教材和研究都热衷于企业的某一具体板块或者某个具体功能，例如，营销或者财务。这样做会使研究（和分析）更加容易。但不幸的是，其结果并不能准确反映企业运营的真实状况。

第三，取决于企业至今接受知识的方式。企业获得"知识"的途径有限，更糟的是，他们所得到的知识总是基于理论和学术模型，而并非来自经验，并非来自那些真正有所帮助并且容易操作的工具、方法。

关于经营企业的建议，传统的帮助渠道一直来自于会计师、商业支持机构、银行和大学，在企业财务评估的运用方面，他们通常都有完整的专业化部门。直到现在，这些机构也似乎有意在对企业家进行误导，使得企业家们相信财务状况才是企业唯一重要的。

关键点

对于企业迄今的经营业绩更准确的理解，应该是认识到财务状况仅仅反映了企业的营销和经营业绩。财务状况是市场营销和经营业绩的结果。

介绍 FiMO 模型是为了评估企业"迄今为止"的经营业绩

我们用于评估企业经营业绩的模型被称之为 FiMO 模型。

FiMO 表示：

Fi——财务状况（Finance）

M——市场营销（Marketing）

O——运营和生产（Operations and Production）

FiMO 框架模型对于企业的认识是"整体全面"的。

> **关键点**
>
> 营销专家重点关注营销问题并将之作为衡量企业状况的关键，会计师则认为财务问题才是重点。FiMO 模型使我们能够以一种均衡的观点来衡量企业表现。
>
> 因此，需要明确的是，企业的这三个职能部分是相互关联、相互重叠的，既同时并存又相互依赖。这就好比杂技的三球抛球表演，当所有的球都平滑抛动时，没有任何问题；但如果有一个球的运动有了问题，那就出现混乱了。

市场营销和企业经营在这里是何种含义？

市场营销是指获得潜在客户并对其进行产品销售。有多少种**财务措施**，就有多少种**营销手段**。

企业经营是指产品或服务的生产制造，重点强调"生产制造"。有多少种财务措施，就有多少种**经营方法**。

大多数企业家都忙于**制造**和**销售**产品，即**企业经营**和**市场营销**。事实上，虽然他们都非常注重生产制造（O）和市场营销（M），但是不知道如何恰当有效地进行市场营销，因此他们一方面将主要精力都放在**企业运营**上，另一方面又彻夜无眠思考如何才能获得更多优质顾客（即**市场营销**）。

如果你不具备拓展客户并向其销售产品的能力（**市场营销**），也不具备实际进行生产并提供产品和服务的能力（**企业经营**），那么你的**财务**也就没什么可评估的了。

行动要点

现在，请给你的企业打分！以下每一项满分都是10分（其中，0—10表示由低向高）。

分数说明了什么？

- 2—3分说明你的企业存在严重问题。
- 4—5分说明你的企业很一般。
- 8—9分说明即使你不是"世界一流"，那也相当不错了。你可能需要一些证据来证明你确实优秀。我总会对这种情况提出疑问和挑战。

根据实际情况写下你的分数，就写在书上。毕竟这只是一本指导书而不是什么禁止涂写的珍贵书籍。事实上，你可以在任何你认为有价值的地方做标记。

那么，现在就开始吧……给你的企业打分。请注意这一评分系统非常主观，它应该是你的本能反应。究其定义，这一过程有点含糊不清，那是因为：关于分数所表明的含义以及提高分数的方法，我们对其探讨的过程充满兴趣。

第一章 初步释疑

项　　目	你的得分
财务状况	6分
市场营销	7分
企业经营	5分

每当你写下一个分值，你（或你的同事）都可以提出疑问，质疑这一分数是否太高或者太低。

例如，你给财务状况打了7分：

- 为什么不打8分或者6分？
- 你要做什么才能提高分数？
- 什么使你如此肯定只能得到7分？
- 你在7分的基础上，是有所改善，或者有所退步，抑或停滞不前？

真正的过程是这样的：

- 你如何证明你的分数？
- 证据在哪里？
- 你需要做什么才能提高分数？
- 为什么你的分数没有过去的高？
- 为什么你以前没有将基本问题进行分类？
- 你确信你的评估恰当吗？
- 你确信你评估的是效果（即财务状况、市场营销和企

31

业经营效果），而不是企业投入或者企业行为吗？

这一评分方式能够迅速给你提供建议，如何才有改进的余地？

如果你使用 FiMO 模型进行评分，它能够让你对企业进行全盘考虑，并使你力图证明自己的得分。请尝试与某位同事深入探讨这一过程，看看他们如何使用 FiMO 模型的各个项目对你的企业进行评分。

下表列出了各项目维度下的具体组成部分。

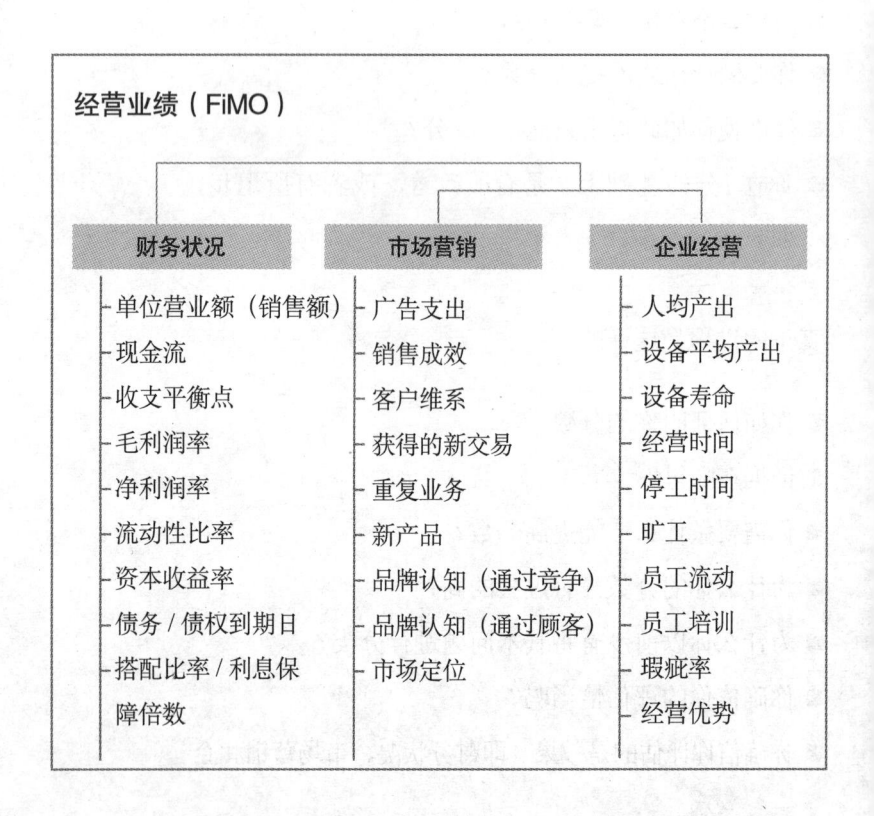

经营业绩（FiMO）

财务状况	市场营销	企业经营
单位营业额（销售额）	广告支出	人均产出
现金流	销售成效	设备平均产出
收支平衡点	客户维系	设备寿命
毛利润率	获得的新交易	经营时间
净利润率	重复业务	停工时间
流动性比率	新产品	旷工
资本收益率	品牌认知（通过竞争）	员工流动
债务/债权到期日	品牌认知（通过顾客）	员工培训
搭配比率/利息保障倍数	市场定位	瑕疵率
		经营优势

那会怎样?

FiMO模型向你展示了你的企业是如何运营的。更重要的是,它告诉你财务业绩是依赖于**市场营销**以及**企业经营**的。财务状况通常是**市场营销**和**企业经营**职能的均值,因此,任何一个职能领域的改善都能够提升你的财务业绩——这相当不错!

参与"靓点营销"研讨会的大部分企业家(90%以上)对自己的**企业经营**评分都在6分或以上,但是对**市场营销**的评分却只有5分或者更低。

结 论

主要有两点:首先,你需要知道自己"迄今为止的经营业绩"(即当前所处的位置),来明确发展方向;其次,为了解你的财务业绩,你需要先了解自己的营销业绩。

这部分内容再次提醒了我们:让你的营销/销售活动保持在有序的状态为什么是至关重要的。更重要的是,它是一种"靓点营销"的技巧(比那些教科书上枯燥的内容强多了),将推动我们的企业不断前进。

接下来第二章"普遍适用的有效工具",将向你介绍如何使用"靓点营销"工具包里的关键工具——那是大多数企业家用来促进销售和提升利润的方法。

第二章
普遍适用的有效工具

什么工具才有效？

第二章里介绍了一些方法，和我们合作过的每家企业几乎都运用了这些工具和方法，因此，你绝对不能错过。

- 七乘三法则

- 找到最有效的销售方法

- 一分钟推介

- 一分钟品牌测试

- 争取业务：三个要诀

- 80∶20法则：生意中的"少数重要法则"

- 提高价格

- 专家

- 综合运用："顾客就是上帝"的七个要点

- 客户体验

- 客户服务的最佳秘诀

当你读完本章时，第一章FAQ部分（市场营销常见问题）的问题都能够得到解答。真正的技巧在于将这些工具进行恰当组合和合理运用，帮助你的企业提高市场营销和销售业绩，令其更加壮大、更加赢利。

七乘三法则（7x3）

在这种过量的甚至是超负荷的环境里，你的信息很容易被湮没、被丢失，因此你必须多次重复你的信息，才能使想传达的内容被听到或被记住。

那会怎样？

在任何一个午间时段，从报纸和杂志上、纸箱和包装上、以及电视和广播中，我们常能看到或者听到的市场营销信息就多达4000余条。我们大部分的营销活动似乎都要失败，这种情况不足为怪了吧？

> **事 实**
>
> 对那些过去曾发挥作用的策略，如今的市场已经不再有所反应。

里斯（Ries）和特劳特（Trout）曾说过：

有太多的产品、太多的公司和太多的营销噪音。

因此，怎样才能在纷繁嘈杂中仍能被发现？

答案就是重复，即"7×3法则"。平均而言，同一信息，我们必须反复听到七次以后才能将其记住。另外，每三条信息中，实际上只有一条能够抵达目的地（它们或是被垃圾邮件过滤器阻止了，或是被狗吃掉了，或是被邮递员丢失了，或是被秘书扔进了垃圾箱……）。

如果你想让自己的信息被看见或被听到，抑或更重要的，被记住，那么你的信息至少需要重复达21次。很多商务人士早在那之前就放弃了。那就是为什么你进行的为期一周的广播广告、邮寄广告或者报纸广告无法达到效果的原因——因为你重复的次数太少了。这一点发人深省。

现实案例

我曾经和所有主要的网络机构（例如BNI、BRE和NRG）谈论过，他们的新会员需要花费多长时间才能从其所从事的网络活动中获利。所有的机构都认同，大概要连续五个月不间断地参加每周一次的会议，新会员的营销信息才能成功地传达给别人。换句话说，在被其他人"收到"之前，营销信息已经被过滤掉20次了。我们再次来确认七乘三法则——你的营销信息大概需要重复21次才能真正被人们所接收。

不管有多艰难，你在市场营销活动或竞争中能够坚持多久，以确保你能命中目标达到21次……？

如果你这样做了，那将是一番什么景象？

找到最有效的销售方法

如果你知道最有效的销售方法是什么，你就能够运用它来打败对手。问题是大多数人都不知道什么才是最经济有效的销售方法，因此他们也不知道该使用哪种方法。

经理人中心在2004年第一季度进行了一项简单的定性调查（2007年第一季度又重复了一次），在调查中我们问了这样一个问题：

如果你只能使用一种销售方法，那它会是什么？

这项调查采用问卷、调查和访谈相结合的方式，从规模少于200人的机构中抽选了247名经理人和企业主。该报告的风格是非正式的，它不是从科学的高度来满足特定的客户需求——其本意是要"证实或者排斥其他研究结果"。

当被问及什么才是"最有效的销售方法"时，处于成长中的小企业都会把以下两点放在首位：

- 面对面的直接销售
- 推介和顾客的口口相传

来自大企业的销售代表也支持这些调查结果——价格并不是唯一最引人注目的销售特征，尽管低价或者具有竞争力的价格会有助于销售。不,大部分的成功销售是沟通和声誉共同作用的结果——这种面对面的关系有助于企业品牌口碑的交流传播,就像老话所说的:"人们总是互相购买。"

是什么阻止了某些企业的销售更有效?

答案是缺乏相应的系统来"测试、审查和改善"现有的销售方法。

一些企业试图卖给顾客他们并不想要的商品!

停下来想一想

如果你无法销售你的产品,原因不外乎两个:要么你的产品是垃圾,要么你是市场营销和销售方面的垃圾。

在我看来,关键的问题是:

是否所有的企业都能通过改善它们的销售技巧、销售系统和销售技术来提升其销售业绩?

我认为是这样!

大量被调查者谈到这个问题(如果你只能使用一种销售方法,那它会是什么?)的本质时都表示,最有力的销售方法实际上是两三种技巧的组合,例如产品展示、面对面销售以及电话销售的组合。在这一点上我们深表同意。

我们的目的是获得"经验之谈",而并非深入的学术研究。现在,我们使用下面的表格作为起点和跳板,让企业重新思考他们如何才能改善自己的销售业绩。

关键是……

有完整的产业来试图出售最无效的销售工具(电邮营销、直邮、产品展示),却没有正式的行业来销售最有效的方法(面对面的销售或者产品推荐)。我们相信了那些人的大肆宣传,他们使我们忽视了这样一个事实:最经济的解决方案其实对大多数人最有效!

调查结果还提出了一些问题:
- 在你的企业中,你知道哪种销售方法最有效吗?
- 你是否以最有效的方式分配销售工作?

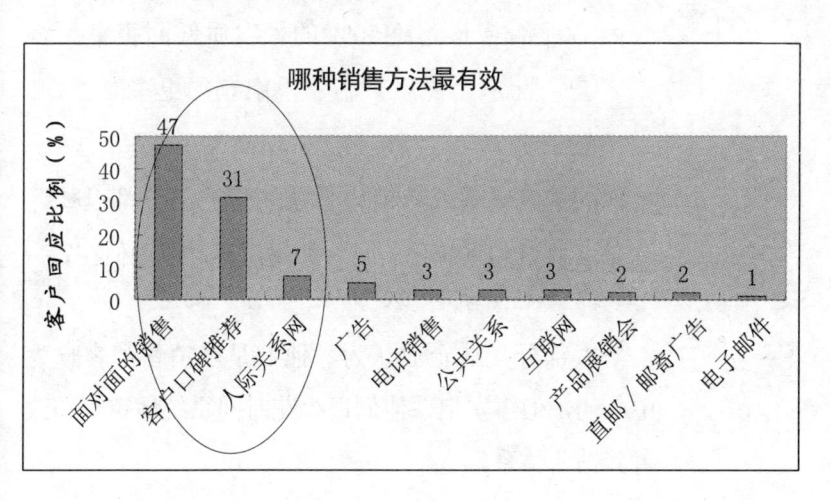

哪种销售方法最有效

销售方法	客户回应比例(%)
面对面的销售	47
客户口碑推荐	31
人际关系网	7
广告	5
电话销售	3
公共关系	3
互联网	3
产品展销会	2
直邮/邮寄广告	2
电子邮件	1

- 你知道赢得一个新客户的成本是多少吗？
- 你知道新客户的平均生命周期吗？
- 对你而言，新客户的平均价值是多少？
- 如果80:20规则确实存在于你的企业中（即20%的投入创造出80%的利润），那么对于销售方法是否也如此呢（20%的销售方法创造出80%的销售额）？你在做些什么呢？

  - 你知道哪些客户属于前20%那一类吗？你是否将他们区别对待？你知道他们为何不同于其他客户吗？你是否有办法找到更多类似的客户？
  - 你是想从业绩回报低的客户（即那些没什么价值的大多数人）手中获得更多利润，还是想从业绩回报高的客户（即那些关键的少数人）手中获得更多利润呢？前者似乎非常困难，而后者看上去要容易得多。
  - 你是否应该忽略50%的"劣质低回报率"客户，而从"优质"客户手中获得更多（更好）的业务？

- 你的销售渠道或者销售系统的每一部分都已被评估、测试和系统化了吗？如果没有，原因何在？

大部分受访企业认为，他们是以销售和客户为中心的，但事实上，他们很少花时间系统地审查和改善其销售体系。

我们能做得更好吗?

大部分受访者（85%）都认同，更好的销售技巧和销售行为对于推动其机构发展非常必要。但关键问题是：这样做是要付出代价的（如做出必要改变），机构（和个人）是否做好了准备？

有效销售的障碍壁垒

概言之，主要的销售壁垒如下：
- 缺乏时间以及合适的系统、工具和技术，甚至以上所列一概全无。
- 缺乏主动性——部分员工已经厌倦了被动接受，一些商业计划应该转变其业务。
- 缺乏梦想成真的渴望。
- 感觉销售有点"污秽"。

有效销售的促进工具

有效的销售要成为做生意的基础，要实现这一点，需要树立这样一个信念：好的销售技巧将会提升针对于适宜客户群的销售额。我们希望，对于下列要点的整合能够沉淀为成功的销售行为。
- 具备合适的技能，受过恰当的培训，拥有经过测试的评估和送货系统。
- 具有一种态度——一种"**是的，能够做到**"、"**积极肯定**"和"**不怕批评**"的企业文化，能够认识到

"成败并存，愿付代价"。
- 具备激励相关人员的奖励机制。
- 雇用合适的员工，采取合适的策略，兼容并用，促其奏效。

销售和培训——销售是可以传授的吗？

当然，企业（和个人）可以通过训练、培养、劝诫或者发展来获得更多销售知识。在搜集数据的过程中，令我们感到惊讶的是，即使是那些认为销售是关键的人，对于"销售可教可学"这件事，也总是缺乏系统的评估，缺乏积极态度的培养，缺乏对目标客户需求和行为的真正理解。

因此……

以下练习可以让你衡量和评估你的营销投资和业绩。请你现在就开始，给你的营销活动（成本、投入、产出、赢利等）打分，并开始测试、监控、跟踪和评估你的不同选择。

行动要点

让自己回答下列问题：
- 你目前把营销/销售时间以及资金投在何处？

[例如，80%的时间和资金都花在了会议和产品展示上]

....
....
....

■ 你在哪些方面获得了最佳成果？

  [例如，产品推介和建议]

....
....
....
....

■ 应该将你的时间和资金花在哪些方面？

  [例如，产品推介和建议]

....
....
....
....

■ 良好的营销和销售技巧能够为你的企业带来什么？

  [例如，使销售额增长10%]

....
....
....
....

■ 那么，你打算怎么办？

....
....
....
....

现实案例

一家会计公司进行了一项真正的、全国性的实践活动,将其营业额的 10% 以上投入到了一个名为"新客户之年"的活动中,以谋求获得更多优质客户,但毫无收效。尽管使用了令人眼花缭乱的新网站、浮华精美的电子邮件、大规模的电话销售、吸引眼球的宣传手册,以及一系列的报纸和电视广告,新客户签约的数量并没有显著增加。事实上,他们获得的新客户,并非他们真正的目标客户!是到了重新思考的时候了。

经过了三个月徒劳无功的实践,管理层宣布实施一项被称为"面对面行动"的新计划,该活动的唯一宗旨是让所有员工走出办公室,最大限度地与潜在客户进行碰面沟通;其重心在于获得面对面交流的机会,并通过客户把产品推介到终端用户那里去。与此同时,还进行了"推介行动"的活动,你面前的每一个客户都要至少做一次产品推荐。这次活动的影响非常显著,新客户的数量增加了 200%,而同时获得新客户的成本却从 1000 英镑下降到了 350 英镑。

在营销新客户方面,新主张比传统方法速度更快、花费更少、效果更好。作为补充,应该指出的是,他们在展示企业和个人方面也做了大量的改善工作。

另参见章节:"**一分钟推介**"(49页)和"**争取业务**"(61页)。

调研补充

1. 调查结果显示,最有效的销售方法就是属于那种老套的"握手致意"类型。这没什么奇怪的!

2. 此项调查并没有"告诉"你,做生意时你该做些什么。它只是列明了247家企业销售时的首选方法,而对于你的企业而言,可能对某些方法进行整合运用会更为有效。

3. 该项调查并没有说明售前和销售过程的关联。对于很多人来说,产品展示和大型活动就能够带来面对面的销售交流机会。

我们知道,当把所有结果放在一起时,上述调查亦有瑕疵,但我们仍然认为该调查的结果是有价值的,它能作为一个起点,让人们深度思考自己的时间和金钱的投资回报。

时间和资金的连续投入

该调查同时证实了下列结论:

如果想获得立竿见影的效果,你需要在广告、产品展示和邮寄广告上进行投入。

但是，如果你有时间同时也有耐心，那么你将以很少的投入获得相同的结果，但这种方法确实需要花费时间。

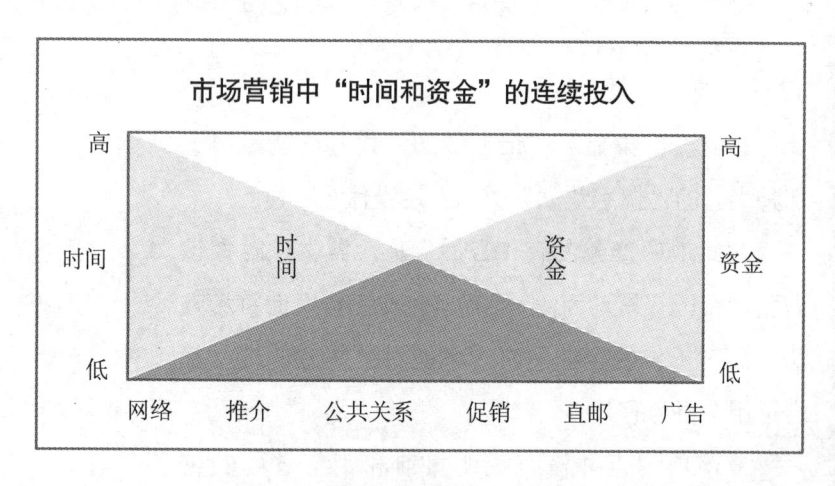

市场营销中"时间和资金"的连续投入

高			高
时间	时间	资金	资金
低			低

网络　推介　公共关系　促销　直邮　广告

这项研究告诉我们的内容非常直观，即面对面、一对一的方法是最有效的销售方法……尽管在面对庞大客户群体时，这一方法可能并不奏效。

一分钟推介

大多数人很害怕向别人介绍自己的企业，因为他们无法用一种简单、实用的方式解释他们的业务，并让听众理解。该是结束这种情况的时候了！

停下来想一想

我们非常不善于向别人介绍自己的企业或是与客户进行直接交流。事实上，我想说得更深入一些，尽管很多人声称网络是未来的新潮流，但大部分人仍对其心存恐惧。

现实情况是，在某次宴会或者某项活动中最后遇见的五名企业家，你肯定几乎已经忘记了。你不记得他们的原因，是由于他们并不属于那种令人难忘的类型。这种情形难道不是一种悲哀吗？人们平时花费大量的时间，尽全力想去更好地经营业务，但却无法记住曾遇见过的企业家，更不用说他们公司的业务了。

然而，有一种简单的方法能够帮助你克服这一点。

解决办法

准备关于自己企业的"一分钟推介"或者"电梯行销"，这是开始思考如何进行企业经营的一种重要方法。

"一分钟推介"是一种介绍你自己以及企业经营业务的简洁明了的解释方法。

给自己几分钟，思考下列问题。你也可以给自己打分，10分是最高分，0分是最低分。

- 当你向一个陌生人解释企业业务时，你能做得有多好？
- 你能使他相信你的企业吗？

关键是……

大多数人所做的仅仅是信口开河，满嘴晦涩难懂的专业术语和烦琐冗长的套话，使听众们不明就里。

你的"一分钟推介"应该是易于理解的。如果你对其简洁性有所怀疑，请尝试进行"13岁测试"，即一名13岁的孩子要能够轻而易举地理解你的发言。

你怎么称呼它？

"一分钟推介"最初被称为电梯行销，这源于一个小故事。比尔·盖茨（Bill Gates）站在电梯里面，当你走进去时，他按下了10层的电梯按钮，并问道："你是做什么的？"你有30秒的时间解释你的企业和业务，同时做到具有说服力、令人信服和令人难忘。

这种销售法有很多叫法:

- 一分钟推介
- 电梯演讲
- 声音标志
- 30秒定位
- 或者上述的组合

范 本

有这样一个模式、一种范本来帮助你建立起令人信服的一分钟推介,如下所示:

- "我们的客户群体是……"
- "他们的问题在于……"
- "我们的解决方法是……"
- "这样……"
- "这意味着……"

如此这般,循序渐进……

"我们的客户群体是……"

要具体说明你的客户对象,你需要用以下几点来描述:

- 业务类型
- 业务年限

- 客户类型
  - 性别
  - 肤色
  - 信条
  - 宗教
  - 地理位置
  - 等等

"他们的问题在于……"

"一分钟推介"应该将重点放在客户的问题或者造成此问题的原因上,这会非常有效。如果你重点关注客户的问题(他们的诉求),而不是竭力渲染美好效果,人们将会竖耳聆听。在负面信息和正面信息之间,人们对前者的回应会更为强烈。

你应该这样说……	而不应该这样说……
"有些人的皮肤很糟糕"	"有些人想拥有爽洁的肌肤"
"有些人错过了约会"	"有些人想成为守时的人"
"有些人无法获得足够客户"	"有些人希望得到有效的营销策略"
"有些人晚上休息不好"	"有些人晚上想睡个好觉"

"我们的解决方法是……"

把你解决问题的方法解释一下:

- "测试您的皮肤类型……"

- "展示一种管理时间的结构性方法……"
- "提供一种使销售翻番的方法……"
- "在鼻子上使用一个简单的仪器……"

用语要简洁明了，让人易于理解。不要说那些强人所难的推销行话，也不是要证明你的智慧。你的所作所为，都是为了给客户一个关于你自己企业的易于理解的说明。

"这样……"

给用户／客户／顾客简单解释一下功能：

- "你可以采用恰当的饮食或者使用适合的药膏……"
- "记录所有的约会和需要优先处理的事项……"
- "瞄准你的利润目标……"
- "你能够更轻松地呼吸……"

"这意味着……"

列出有利的方面：

- "你会拥有清爽洁净的肌肤……"
- "你再也不会错过约会了……"
- "你会得到奖赏……"
- "你的睡眠会很甜美……"

一分钟推介

- "我们的客户群体是……"
- "他们的问题在于……"
- "我们的解决方法是……"
- "这样……"
- "这意味着……"

列出你的优势和理由,而非不同的特点。

现实案例

"我的客户群体是加勒比黑人女性。她们的问题在于找不到适合其发质的精华油。我的解决方案是从西印度群岛进口专门的精华油,这样我的客户就能够使用完全适合她们发质的精华油,这意味着每当她们参加晚上的社交活动时,她们的头发会显得光彩夺目、美妙绝伦。"

——KM,护发产品进口商

"我的客户群体是处于快速发展中的企业经理人,他们的问题是为企业的成长所累。我的解决方案是进行一对一的指导,让那些'曾经在此地做过此项工作'的人与那些'想去此地做此项工作'的人合作,这样你就能够从那些敢闯敢干的人手里,得到关于企业问题的切实可行的解决方法,这意味着你能够超越自己的目标,并拥有你所希望的商务和生活方式。"

——保罗·乔宾（Paul Jobin），经理人中心

一分钟推介自测表

请用下表给你自己评分。

你的一分钟推介：

■ 具有说服力吗？

　　没有——有一点——还可以——是的

■ 解释清楚你的业务了吗？

　　没有——有一点——还可以——是的

■ 表达得流利吗？

　　没有——有一点——还可以——是的

■ 听众了解你的业务了吗？

　　没有——有一点——还可以——是的

■ "13岁测试"你通过了吗？

　　没有——有一点——还可以——是的

　　我们大多数人在介绍自己时表现很糟糕，所以在此提供了介绍自己的恰当方式。更重要的是，"一分钟推介"可以用在你的网站里、宣传册子中、甚至你的名片上。

一分钟品牌测试

在"靓点营销"研讨会中,我最喜欢的一个环节是"一分钟品牌测试"。这一简单的方法能让你思考外人是如何看待你的企业的。

"在去喝咖啡的路上……"

在研讨会的咖啡休息时间,与会者被告知带着自己的一张名片,或者其他随身携带的营销资料(如宣传手册、带标题的短笺或者便条等等),交到会议主办方手中,主办方会将这些名片或者营销资料钉在一张白纸上。所有的参会者都要浏览其他人员的材料,然后在白纸上写下自己的第一想法。

因此,最后你所能得到的,就是写在纸上的其他所有代表的评论和意见,而你的名片和营销材料也附在上面。

这些评论通常只有一两个字。它们提供了极有价值的反馈意见,告知你别人是如何看待你的企业的。这些意见是诚恳的、独立的(尽管这些意见可能并不来自于你的目标客户)。

以下是最近一期研讨会的评论样本。

实践案例一：小会计公司

- 所有字母都代表了什么？
- 缺乏活力
- 非常无趣
- 看上去像个殡葬礼仪师
- 你到底想表达什么？
- 你显然是在家工作
- 如果你是一家企业，为什么会有 Hotmail 邮箱地址？……它说明了什么？
- 传真和电话共用一个号码，让我认为你的企业只有你一个人
- 看上去是你自己打印的，难道你雇不起好的设计师和印刷商吗？抑或你并不在乎自己看上去是否专业？
- 令人生厌

实践案例二：印刷厂

- 非常喜欢这些颜色
- 纸张的触感相当好
- 我能清晰地了解你的业务
- 非常鲜亮
- 绝妙的图案——让我浮想联翩
- 就个人而言，我需要戴上墨镜来看它
- 我会让你来印刷我的材料

那会怎样?

你的品牌可以被定义为……

你所传达的信息就如同放射现象一样具有很强的辐射力。

那么,你打算向哪些人传达哪些信息?回答了这一问题,你就能够着手找到沟通这些信息的方式。

你想传达什么信息?

你试图传达什么信息呢?可以是以下任意一项……

- 我很专业
- 我很本土化
- 我在该领域中是最强的
- 我很有经验
- 我拥有高科技
- 我们是一家大型机构
- 我的资质很好
- 我们从事不同的业务
- 我们只从事一种业务
- 我们拥有官方许可
- 我们很现代化

行动要点

■ 你想传达的信息是：

[例如，我们具备年轻而现代的头脑]

....

....

....

....

■ 你想传达的对象是：

[例如，那些希望拥有独特新潮、时尚名品服饰的富裕家庭主妇们]

....

....

....

那会怎样？

　　我们经常低估如何与他人进行接触的重要性。通常而言，我们似乎使用一套标准去衡量和评估他人，却不希望他们用同样高的标准来衡量和评估我们自己。

　　无论喜欢与否，我们所有的商务沟通方式（电子邮件、营销资料、网站、如何接电话、如何着装）都将我们的信息传递给了外面的世界。一定程度上，我们是可以选择希望所传达的信息的。

如果我们试着从客户的视角来审视自己的企业，那么就会有机会使用最合适的方式和手段来选择我们意图传递的信息。你为何不给潜在客户留下最好的印象，并从他们那里获得最积极的反馈呢？

争取业务：三个要诀

我们大多数人非常不善于"争取业务"。如果我们不去争取它，它就会从我们手中溜走而转向别处。因此这里提供了一些获得潜在客户的方法。

以前听说过？

从任何一家成长性企业的会议室里都可能传出以下说法：

我们耗费大量精力拓展产品和服务，之后制作精美的手册和网站来进行宣传。我们相信自己的产品能够给顾客提供解决问题的完美方案。甚至要求我们给潜在客户展示产品，但是不知何故，我们并非总能达到预期的销售。所以，这是怎么回事，或者说，出了什么问题？

箴言片语

我们大多数人都非常不善于争取业务。

当你还是孩子时，你是否梦想过成为一名荣获殊荣的销售大师？很少有人会这样想，但是经营企业却要求你学习这些技巧！

如果你经营企业，你就必须拥有一些非常热爱销售工作的员工——无法销售就意味着企业会倒闭。你要学习如何进行销售。参加一个培训班，买一盘讲座磁带，追随杰出销售大师的足迹吧……

停下来想一想

在"靓点营销"研讨会上，部分与会者觉得"面对面的销售"会让人生厌，也并不适用于他们的企业。

我承认，太张扬的销售人员并不会让我对他们的产品产生半点兴趣，但是，很多企业在"争取业务"方面显得过于畏缩——除非客户们知道你是在"开门营业"，否则他们就不会去你那里购买产品！事实上，付出努力的竞争者才会真的有所收获。

因此，如果你不想让销售或者客户关注，那么我建议你考虑放弃自办企业，而给自己找份工作为人打工吧。

现实案例

最近，我问一个在线的律师同事是否能对我手头上正处理的事务进行报价，价格我们已经议好了，他也知道我希望尽早得到反馈，最好下周就能有答复，但他18周都没有回音。当我告诉他已经太晚了时，他似乎显得非常吃惊。

我的意思是，他并不是非常想得到这份业务，他不想在我身上投入太多精力……我对他来说并不是很重要……同时，我也并不想把我辛辛苦苦挣来的血汗钱给他，因为还有很多其他同类公司非常愿意为我提供服务（但并不是非常热切）！

争取业务的要诀之一：
真诚地表露情感

在我看来，太多的潜在供应商似乎并不很想做我的生意。他们期待潜在客户自己去了解他们的工作热情。这实在是不够好。其中道理如此简单，但我们似乎并不"理解"。

直视客户的眼睛并进行真诚的直接对话，这种力量切实有效。你可以再加上一些简单的沟通技巧或是建立和谐关系的技巧，如同NLP（神经语言编码）以及类似交际/劝导课程建议的那样。

当你争取业务时，应当表现出你确实非常喜欢与他们做生意！很多时候，我们期待潜在客户了解，或者通过潜移默化使他们了解，我们确实非常渴望与之合作，但是我们并没有在口头上表现出来。

> **现实案例**
>
> 我今天来是想告诉您,我们非常高兴能够与您合作。我只是觉得,我们真的相处得很好,彼此之间情投意合、一见如故。您的企业正是我们乐于合作的那种类型和规模。因此,我们非常珍惜与您合作的机会。不知我的表述是否清楚?
>
> ——伊恩(Ian),我们新的健康与安全顾问

这些文字你读起来会觉得有点俗气,但有时你确实需要找到这种表达激情的方式。

争取业务的要诀之二:
获得更多业务的技巧

这里提供一个帮助你获得更多生意的简易要诀。和上面一样,它看起来有些夸大,但如果能够合理应用,就确实能发挥作用。

这一要诀应该是针对那些已经喜欢上你企业的现有客户。以下三个问题可以边喝咖啡边问,也可以通过电话来询问,它们确实有效。

"你喜欢我们企业的哪些方面?"

——只是倾听客户怎么回答。

"你讨厌我们企业的哪些方面?我们的哪些行为让你不想和我们继续合作?"

——同样只是倾听客户怎么回答，不要试图去辩解。

"我们需要做什么以便能从你那里获得更多的业务（或者推荐）？"

——令人惊讶的是他们确实会告诉你该怎么做来获得更多业务！

正如本节所提到的争取业务的三种方式，你确实应该花点时间来问问这些问题。如果你有勇气，其他大部分人却没有，那么你就会发现，越来越多的机会出现在你的眼前。

现实案例

杰恩·西摩（Jayne Seymour）写信给我们说，通过使用这一技巧，她为交际培训公司获得了7项新业务（价值超过50万英镑）。"这就好比从婴儿手里拿糖果一样：它已经在那里了，我所要做的就是去拿过来。但是通常我没有那么大胆，所以它很可能就被别人拿走了。"

争取业务的要诀之三：
要求客户进行推荐的要诀

很多人非常详细地写了大量关于如何让客户进行推荐的文章。那么，究竟你该如何争取客户推荐呢？

你知道你面前的这位客户认识很多人。当然，你可以将产品卖给他的任何朋友，但是你如何要求他向别人进行推荐，而使你们双方都不会觉得勉强（你也没有让同你交谈的人感到尴尬或是心烦）呢？

首先，那些和你一样来自于专业服务公司（律师、会计、建筑师）的从业者或许觉得销售低人一等，不太专业并且有点丢人。请记住，你的一些竞争者并不像你一样敝帚自珍，而他们就能得到这些业务，因为他们肯花气力而你却没有。况且，事过境迁，你也不至于因此而尊严扫地！

部分诀窍就是让客户对你的每个问题都给予肯定回答。这使其更易答应帮助你（这里还有些心理学的因素）。你需要把要诀进行修改并运用到你的企业中，但是最成功的要诀往往如下所示：

"您知道我们正努力壮大自己的企业。"

"是的。"

"您对我们上次提供给您的产品和服务感到满意。"

"是的。"

"您知道，您的很多同业朋友肯定也能受益于我们的产品和服务。"

"是的。"

"如果我向您索要他们的名字然后给他们打电话，这样似乎太粗鲁。因为那样生硬的电话推销会让人厌烦。"

"是的。"

"那么，这正是我想让您做的。给您的这些朋友打个电话，告诉他们我为您所做的一切，并且告诉他们我将给他们打电话。这将是一个多赢的局面：您会赢，是因为您会由此而得到朋友的赞许，您是出于好意（以及良好的人际网络）而推荐给自己所信任的人……；您的朋友会赢，是因为他们能够获知值得信赖的可靠的产品供应商；我会赢，是因为我得到了向优质客户展示产品的机会。所以这是一个多赢的结果。那么，您愿意给您的朋友打电话吗？这样可以吗？"

"是的。"

让我再来逐条解释一下……

"您知道我们正努力壮大自己的企业。"

这是一种争取业务的较好说法，相比于"我们已经很久没有新客户了……"而言要好得多。

"您对我们上次提供给您的产品和服务感到满意。"

关于这个问题，你应该问自己企业的那些忠诚的客户们。只要你一直在做某种形式的客户满意度问卷调查，你就会清楚地了解客户对你的服务的评价。可悲的是，很多企业实际上并不知道客户是如何评价他们的，因为他们对此关注得不够……那你是否知道每个客户或部分客户是如何评价你的企业呢？

"您知道，您的很多同业朋友肯定也能受益于我们的产品和服务。"

这是你的目标所在……你让他们（潜意识地）开动大脑，想想他们所知朋友圈中的哪些人能够受益于你的产品。他们也随时准备承接我的推销接力棒，因为接下来的，是相当标准的销售员的推销辞令……所以你必须保持他们的信心，并确保他们的信用和声誉不会受到损害，因此下面你应该这样说……

"如果我向您索要他们的名字然后给他们打电话，这样似乎太粗鲁。因为那样生硬的电话推销会让人厌烦。"

这会使他们重新获得对你的信心，因为你消除了他们的恐惧。

"那么，这正是我想让您做的。给您的这些朋友打个电话，告诉他们我为您所做的一切，并且告诉他们我将给他们打电话。这将是一个多赢的局面：您会赢，是因为您会由此而得到朋友的赞许，您是出于好意（以及良好的人际网络）而推荐给自己所信任的人……；您的朋友会赢，是因为他们能够获知值得信赖的可靠的产品供应商；我会赢，是因为我得到了向优质客户展示产品的机会。所以这是一个多赢的结果。那么，您愿意给您的朋友打电话吗？这样可以吗？"

有趣的是，10个人中会有9个都会回答"是的，当然"。如果你是在他们的办公室内同他们交谈的，他们真的会当着你的面拨打电话。

现实案例

"虽然我不愿承认，特别是作为一名上市公司的营销经理，但我确实忘了要求顾客进行产品推荐。多年来我们一直试图打入两家跨国公司。作为最后一搏（在听完你的演讲之后），我尝试了要求现有客户进行产品推荐的方法。我运用了你的客户推荐要诀，并特别点明了试图争取的客户名称。在打了五个电话之后，我就获得了向这两家（并非一家）客户进行介绍的机会。这两笔生意目前仍在合作，给我们带来了几百万英镑的利润！"

—— 一位不愿透露姓名的朋友（JP）

你的整个企业都依赖于销售，销售很可能是你不能忽略的关键技能。在你的企业内，必须有人能够争取业务并按上述方法行事，这样才能赢得客户。销售技巧平平将会直接减少赢利并降低企业的成功率。去争取业务吧，就是现在！

80∶20法则：生意中的"少数重要法则"

80∶20法则是本书的一个关键概念，你会发现它在书中被提及了好几次，例如，在"什么才是最好的销售方法？"的讨论中就曾提到过。

问题的提出

如果你放弃50%获利较差的客户，而把更多精力都放在其余精英客户身上，那会怎么样呢？80∶20法则同时也被称为帕累托法则（Pareto's Principle），它是管理学的一个经典理论。事实上，就是这样一个经典法则，大多数人却已将其忘得一干二净，或者他们忘记了这个法则在很多案例中运用的情况。

在19世纪晚期，帕累托发现了一个惊人的规律：事物并非均匀分布的，少数人获得了大多数金钱，小部分人占有了大部分财富，少数动物比其余多数体型都要庞大，这就被解释为80∶20法则。

那会怎样？

帕累托法则对企业有几点暗示。这一法则的积极方面是，你的某些投入确实非常有效。例如，20%的客户带来了80%的利润。

> **事　实**
>
> 20%的投入获得80%的产出。
>
> 商务中的80：20法则认为，20%的销售人员获得了80%的销售额；20%的客户带来了80%的利润；20%的时间创造了80%的产出。这就是"少数重要法则和琐碎多数法则"。

另一方面，帕累托法则也意味着令人难以置信的低效率。例如，剩下20%的利润（真正的小部分）是由另外80%的客户带来的（大多数客户）。

使用这一法则对企业非常有利，你可以做到如下几点：

- 关注有效方面。
- 意识到你的效率在逐渐下降，利润在逐渐降低。
- 主要关注那些"至关重要的少数"，而尽力忽略那些"微不足道的大多数"。重点关注"如何才能更加有效"，否则你就会沦为众所周知的繁忙大傻瓜。
- 不追逐完美的解决方案——你在一个问题上花的时间越多，获得的增值就越少——因此一定要做大事，一定要有大思维，一定要有解决问题基本的正确的逻辑方法，而不要总是关注那些细枝末节。

行动要点

你的大部分利润真的是来自于少数客户吗？是／不

你真的无法从大多数客户身上获利吗？　　　是 / 不

你的一些客户真的会让你损失利润吗？　　　是 / 不

那么，你打算怎么办呢？

....
....
....
....
....
....
....
....
....
....

行动要点

说明：

- 列表写下"最赢利的十大客户"——他们有何共同之处？
  [例如，公司 A、公司 B、公司 C……他们每年的购买力都超过 10 万英镑]

....
....

- 更重要的是，你在哪里能找到更多像他们一样的客户？

  [例如，它们都是主要贸易组织中的大型企业]

- 列表写下"最不赢利的十大客户"——他们有何共同之处？

  [例如，公司X、公司Y、公司Z……他们每年的购买力都不到5万英镑，并且主要都是对那些廉价品感兴趣]

第二章　普遍适用的有效工具

....
....
....
....
....
....
....
....
....
....

■ 你将如何对待这些业务？

[例如，将那些廉价品或者少于5万英镑的订单的价格提高20%，以便确认这类合同是否还有继续合作的必要]

....
....
....
....

80：20法则

20%的客户带来80%的利润！

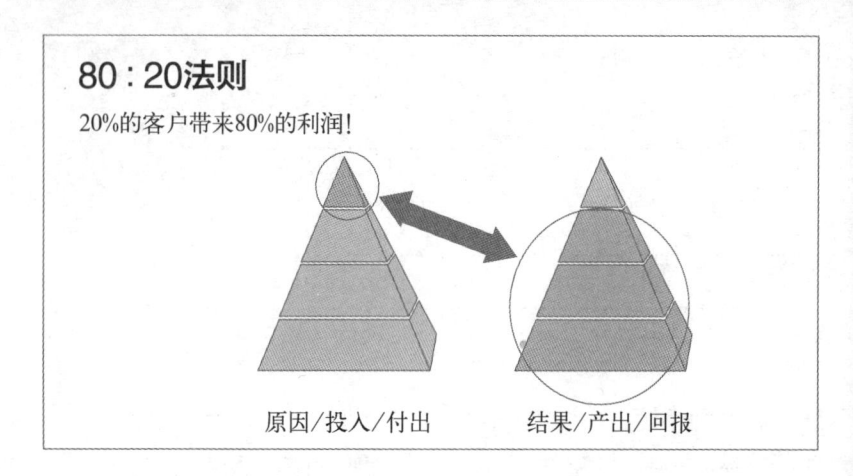

原因/投入/付出　　　结果/产出/回报

我为什么要在乎？

对80：20法则的合理应用，能够极大地改善成效。这一算式法则确实有效，首次应用就会让你惊讶不已。在发出惊叹的那一刻，你也会意识到：通过把重点放在确实有效的方面，就能大大提高收效。

现实案例

利奥·吉布森（Leo Gibson，化名）在北部和东北部经营着一家吉他连锁店，他的营业额在持续下降，而利润的下降则更快。当听到80：20法则时，他异常气恼，当面对我们展开了攻击："你不明白我的这类业务……成百上千的孩子涌入店中，想试用标价99美金的防撞垫（远东制造，没什么利润空间留给我们），在试用了10次以后，他们从网上以我们的进价购买了这些产品——我们无法去竞争——这些孩子让人非常头疼,粗鲁、嘈杂,简直是浪费时间……但是,随后又有些像你这样的大人在我的店里闲逛,并且看中了价值3000美金的高档吉他(这些吉他的利润非常大)!我们的麻烦很大,你的理论没有帮助。显然,我需要找到一些能够卖给这些孩子吉他的方法,即使不赚钱。"

当然,答案同样也是80∶20法则。和其他大多数企业一样,他能从20%的客户身上获得80%的利润,而超过一半的低端客户是不赚钱的……所以我问道:"如果你放弃50%获利较差的客户,重点关注更有钱的大客户,争取从他们身上获得更多回报,那将是一种怎样的局面?"这一问题让利奥语塞了。

四个月之后

四个月之后我又遇见了利奥——他已经渡过了难关。他用自己的方式鼓励优质客户购买千元以上的吉他,并且以各种方法缩小廉价活跃客户的范围。结果是:营业额比上一年增长了60%!利润也翻了一番。通过减少与那些无利可图的孩子(池塘小生物)打交道,他为那些更高级(更优质)的客户提供了更为舒适的服务,减少了干扰,使他们更愿意花钱消费。因此,虽然销售数量减少了,但每笔生意的销售额和赢利水平却大幅上升。

这是一个极端的建议……那些低端客户没有什么前景，并且耗费了你大量的时间和精力，你花在他们身上的要多于他们从你身上获得的。如果放弃50%的这些低端客户，会有什么结果？

提高价格

人们总是询问是该涨价还是降价。请你在考虑降价前务必深思熟虑。让我来说说我的想法。

破产之路

破产之路是为这些人所铺就的：他们总是试图以降价来获得市场份额。一定要避免打价格战，因为你不可能成为价格战的赢家。始终存在着更有力的竞争者，他们具有更高的营销能力、更强的购买力和更深厚的资金财力。而你会以利润的减少而告终……一些竞争者甚至会出局（这被委婉地称之为行业内"洗牌"！）。这样每笔交易你获得的利润会比之前的少。要我说，这就好比是在抢乘下行电梯。

另一个选择是提高价格。

提高价格又会怎样？

当你提高价格时，你将无可避免地失去某些客户。但是，你通常失去的是"因价而买"的客户（我通常把他们称为"池塘小生物"），你应该很高兴看见他们离开……他们的购买是以价格为基础的，往往逾期支付，并且总是想获得更多。你不需要这类客户。具有讽刺意味的是……那些最有利可图的客户往往不会注意价格的变化，因为他们不会仅因价格而购买,他们会根据质量或者产品附加值而购买。

小结:价格变化

总之,降低价格吸引来的很可能是不适宜的客户群,而且还会吞噬你的赢利。提高价格意味着你失去了那些"池塘小生物",同时变得更加有利可图。我知道我更喜欢哪一种。

下面是两个表格。你可以用它们来计算销售数量怎样变化才能够弥补价格变化(同时总利润率仍能保持不变)。

表1:在维持总利润率不变的情况下,计算价格上涨的不同幅度而导致销售数量下降的百分比

提价比例 %	现有总利润率							
	5	10	15	20	25	30	35	40	50
	▼销售数量下降比例(总利润率不变)								
2.0	29	17	12	9	7	6	5	5	4
3.0	37	23	17	13	11	9	8	7	6
4.0	44	29	21	17	14	12	10	9	7
5.0	50	33	25	20	17	14	12	11	9
7.5	60	43	33	27	23	20	18	16	13
10.0	67	50	40	33	29	25	22	20	17
15.0	75	60	50	43	37	33	30	27	23

表Ⅱ：在维持总利润率不变的情况下，计算价格下降的不同幅度而使得销售数量上升的百分比

降价比例 %	现在总利润率							
	5	10	15	20	25	30	35	40	50
	▲销售数量上升比例（总利润率不变）							
2.0	67	25	15	11	9	7	6	5	4
3.0	150	43	25	18	14	11	9	8	6
4.0	400	67	36	25	19	15	13	11	9
5.0		100	50	33	25	20	17	14	11
7.5		300	100	60	43	33	27	23	18
10.0			200	100	67	50	40	33	25
15.0				300	150	100	75	60	43

实例

- 销售价　　10英镑

- 进货价　　7英镑

- 那么，总利润率是30%（3/10×100%）　利润3英镑

　　首先，使用表Ⅰ来计算价格上涨10%所带来的影响……

　　假设总利润率是30%，如果将价格提高10%（从10英镑提高至11英镑），在总利润率不变的情

况下，你的销售数量会下降25%。

再用表Ⅱ来计算价格下降10%导致的结果……

假设总利润率还是30%，如果将价格降低10%（从10英镑降到9英镑），要想保持总利润率不变，你至少需要将销售数量增加50%。

如果你将价格下降10%，那就意味着你需要多卖出50%的产品以维持相同的现金收益……因此，如果你以往的工作时间是周一至周五，那么，在一切不变的情况下，每周你需要继续工作两天半才能达此目标，换句话说，你需要在周六、周日和下周一上午都继续工作。

如果你将价格上涨10%，那你的营业额可能会下降25%。你失去的只是价格敏感型客户，而同时你获得了一天的休假！

我知道这二者间我更倾向于哪一个。

现实案例

RHT，一家专门为流行音乐节提供户外餐饮服务的公司，在扣除了一切直接成本后，其营业额达到95万美金，总利润率为40%。公司的所有者朱迪（Judi）正在考虑价格变动所带来的影响。

正如上述表格所示，如果维持总利润率不变：

- 价格上涨4%将会导致销售数量下降9%；

- 价格上涨5%将会导致销售数量下降11%;
- 价格上涨10%将会导致销售数量下降20%。

朱迪说:

"假设交易数量会有所降低,我决定将价格上涨10%,但我相信所获利益能达到利润底线——大多数客户并非对价格异常敏感,理智而言,我们目前的定价也相对较低。

"这一赌注获得了回报。销售额只下降了很小一部分,后来经过测算约是5%。正负相抵后的净收益有利于诸多方面:工作量减少,产出降低,但是利润上升。"

朱迪的这一故事告诉我们要敢于定价。降价并不是一个明智的选择,因为这会危害你的利润底线——结果是,你变得更忙碌,并且每笔交易的利润会减少。

行动要点:重点关注高端客户并放弃低端客户

- 你企业的实际利润从何处获得?

  [例如,特定客户、特定产品、特定区域……]

  ....

  ....

  ....

  ....

- 何种产品产生了真正的利润?

［例如，特定客户、特定产品、特定区域……］

....
....
....
....

■ 何种商务活动并不带来效益？

［例如，特定客户、特定产品、特定区域……］

....
....
....
....

一旦问过自己这些问题之后，你就应该将注意力放在那些能够带来较高利润的客户身上。同时，你也必须处理那些赢利欠佳的方面：放弃那些表现不佳的产品和服务，放弃那些非赢利客户。不接受例如"不赢利的工作需要支付开销"之类的借口或者其他诸如此类的无稽之谈。

又是80：20法则！当关注赢利性时，就找下80：20法则：80%的产出（利润）来自于20%的投入（客户/产品/付出）。"靓点营销者"将80：20法则运用到了生意的各个方面！你应该总是设法寻找各种方法提高效率，同时也要设法降低无效性！

专 家

　　有这样一种约定俗成的观点：管理完善的专家企业能够赢得业务……
- 人们愿意从专家手中购物，而不愿从那些追随者手中购物。
- 某个会计师之所以比别人好，是因为客户认为他/她是……市场营销并不是产品之战，而是客户认知之战。

　　更多的例子表达了相似的观念：最终获得成功的，是那些专家企业，而并非专家本人。
- 大多数PSFs（专业服务公司或者专业人士）认为，相比于技能和态度，他们的知识和经营表现更为重要——他们显然错了！
- 如果你阅读并且理解了你所处行业中的两个关键文案，你就可能比这一行业中的大部分人获知更多，但大多数人并没有这样做！
- 大部分的专家只精通技术层面，他们不了解客户真正要购买的是什么。
- 大部分的专家只精通技术层面，他们不了解客户真正需要从他们那里获得什么。
- 大部分的专家只精通技术层面，他们不了解客户真正想要得到的是什么。

- 大部分的专家只精通技术层面,他们不知道良好态度的重要性。
- 大部分的专家只精通技术层面,他们所受的培训使其在技术上非常出色,但却没有人告诉他们如何经营一个以服务为基础的企业。
- 大部分的专家只精通技术层面,他们不知道展示产品好处、例证和客户评价的重要性。
- 大部分的专家只精通技术层面,他们不了解企业的发展过程。

你应该成为专家——成为你所在业界的专家。

人们厌烦从"追随者"或者"跟风者"手中购物,他们更偏爱专家……无论你是会计师、治疗师或者管道工,你都可以成为业内的行家能手。

同时,因为人们知道并认为你是专家,他们就会把业务交给你并愿意付高价!

专家们都做什么?

1. **关注**——他们关注于那些有具体问题的具体顾客(目标客户)。专家们将一分钟推介进行分类和界定,并把重点放在目标客户和产品利得方面。

2. **记录**——他们记录方法论、白皮书、研究、调查报告、文章、专栏、书籍(哪些书呢?),如《需要知道的10件事》、《新法规的影响力》等等。

3. **拥有**——他们拥有网站、知识、备需备忘手册。

4. **知晓**——他们认识该行业的推动者、撼动者、影响人物和关键人物，或者至少有途径接触这些人。

5. **宣讲**——他们在各种场合进行宣讲，如会议厅、联络活动、研讨会、专题讲座、商务俱乐部、高级人才班等等。

除了上述五大属性之外，还有另外两个基本点：

6. **具备**——他们具有学科理论和体系。

7. **运用**——他们恰当运用客户点评、客户签注和销售案例。

一旦确定了专长，你就可以游走江湖，高谈阔论，随手记录下来（使用相同的个案研究或例证），以确认你的**专家地位**。"专家模型"的每一个要素都是相互支持的。

专家们将自己定位于权威或知识大家，他们希望被视为"定位者"（他们致力于选定在顾客心目中的具体位置）而不是"开采者"（那些追逐业务和客户的人）。

大多数专家的行为目的，在于获取客户尊重而并非极力争取业务。专家们经常采取一种被描述为"以教育为基础"的市场营销方法来吸引新客户,这一教育方法包括提供有价值的信息和建议,而不仅仅是推销员的言辞口令。

成功专家的心态:
- 他们的行动让其获得了想要的前景。
- 他们保持着自己的尊严和职业精神,因为他们没有使用强迫的销售技巧,而是让客户自己上门——这是一种吸引客户的方法。
- 他们告知人们并向人们展示:其专长是怎样帮助客户的。
- 他们树立了信誉,而且这一认知是个人满意度的关键驱动。
- 他们在沟通和工作流程方面非常系统,这意味着他们没有浪费时间。

停下来想一想

我有一个简单的问题问你……

"那么,到底是什么阻碍了你?"

我们为何需要"专家模型"?

简单而言,大部分专业服务公司的生计都很困难。

小型服务公司不知道如何进行经营,他们花费

第二章 普遍适用的有效工具

了大量时间在努力寻找客户；稍大一点的服务公司可能相对成功，但也在不断变换的环境中试图维系顾客群，客户、竞争对手和员工在此环境中似乎都在不断地改变着他们的行为。

问 题

当业界的大部分企业看上去都非常相似时（事实上几乎一样），人们为什么会选择你而不是同业者？

专家

宣讲
- 论坛、会议、展示会
- 专题讲座、研讨会、高级人才班

关注
- 一分钟推介
- 工作对象
- 问题所在
- 我们所在的工作
- 意味着什么
- 那会怎样

知晓
- 推动者和撼动者
- 有联系之人
- 有影响之人
- 知名人士

拥有
- 网站
- 论坛
- 数据库
- 知识体系

记录
- 宣传册、小手册、方法论
- 实时通信
- 白皮书
- 文章：地方的、经贸的、全国的
- 书和电子书

+科学理论/体系
+客户点评

成为专家的步骤

1. 评估／概述你目前的专长
2. 勾勒出你的一分钟推介和关注重点的第一份草稿

89

3. 审核／认可你的一分钟推介和关注重点的上述草稿

4. 审视——谁是竞争者？他们的观点（PoV）是什么？

5. 在此基础上找出差距／实力

6. 创建自己的观点

7. 搜集证据以支持你的观点

8. 识别模式

9. 创建、解释和说明独特的观察视角

10. 创建系统——你做事的方式

11. 创建并提炼一分钟推介的最终版本——在网络、博客、宣传手册、网页、营销资料中使用它

12. 创建白皮书

13. 创建营销工具包（参见"市场营销工具包"的有关章节）

14. 写文章，记录方法，发表白皮书

15. 添加写真，如果合适的话

16. 酌情使用博客、宣传手册、网页（运用一分钟推介）

17. 使用光盘、作品集、宣传手册或者其他合适的手段（运用一分钟推介）

18. 收集客户点评

19. 将品牌、网站等分类

20. 寻找以下机会：

第二章 普遍适用的有效工具

- 宣讲
- 印刷
- 网络沟通
- 公开发表

现实案例

myFD 公司（www.myfd.com）的总经理弗雷德·爱德华兹（Fred Edwards）将专家模型牢记于心，"我们见识到了专家模型的逻辑性并且开始将其运用于自己的企业。我们提供了一种新的服务，在相对拥挤狭小的市场领域内，提供财务经理人士以及财务经理所需的技能。对于非财务人士而言，临时人员和兼职人员看上去很相似，我们的竞争对手看上去也很相似，毕竟我们都是财务经理，具备财务经理的背景并受过相关训练。我们所做的就是运用专家模型：我们关注于目标顾客的诉求以及为他们解决问题的方式，我们开始撰写文章，让公共关系部门也开始运转，我们整理了网站，通过个人和网络的途径进行交流和沟通，并开始收到邀请，要求我们对所撰写的文章进行宣讲。

"很快我们就被那些想了解我们的人们所熟知，我们从竞争者中脱颖而出，因为只有我们在研讨会上做过发言，并且在恰当的地方被谈论和提及，我们关注经营企业并使之壮大（不仅'在'企业工作，同时'为'其工作）。整个过程是个良性循环，很快我们就发现自己的销售渠道客户都爆满，这是前所未有的。将这一系列简单技巧进行合并使用，确实能发挥强大的力量。"

要是大部分专家都能够意识到成为专家（技术层面上的专家）和经营一家专家企业（生意上的专家）的区别就太好了。

综合运用:"顾客就是上帝"的七个要点

我之前出版的《顾客就是上帝》一书中提到了一种循序渐进的方法,让你能够借助顾客的视角去审视自己的企业。这一方法将使你筹划的企业能够兑现承诺并且获得顾客的青睐。

客户体验计划的七个要点,如下所示:

1. 把你的企业重新定义为"问题解决者"
2. 了解企业的实际经营范围
3. 深入了解每个客户的切肤之想
4. 卓尔不群方能鹤立鸡群
5. 构建策略来确立定位
6. 计算客户价值
7. 挑选你的武器

这七个要点都是和一些重大问题紧密相关的。例如:
- 谁是你的客户?他们想要什么?
- 什么是"承诺"?关于兑现"承诺",你做得如何?
- 你的客户如何看待你?
- 你想让什么样的人成为你的顾客?你想让他们如何看待你?
- 你销售的是什么?他们购买的是什么?

- 他们真正买的是什么？你真正卖的是什么？
- 你现在该如何行动来增加销售？
- 你该怎样提高技能？
- 你如何获得更好的顾客？什么才是所谓更好的顾客？

你能在这个列表中加上你自己的问题吗？

#1 把你的企业重新定义为"问题解决者"

要抓住企业经营的核心要点，你需要重新定义自己。这些问题也是营销类书籍应该探讨的吗？我想是的。成为问题解决者，能够让你以不同的方式为客户提供帮助，这与那些"一切照旧"的企业有所区别。

你解决的是什么问题？
什么才是真正的问题？

有时你需要改变看待自己的方式——改变你看待世界的观点。为了了解客户的感受并加以利用，你应该将自己重新定义为"问题解决者"。

如果你将自己的角色定义成为客户"解决问题的人"，你就会开始着手寻找需要解决的问题。你开始着手于客户所面临的问题而不是销售额。将重点放在客户所面临的问题上，会带来一系列的变化：

- 你开始借助顾客的视角看待事物；

- 你开始看到顾客面临的实际问题；
- 当你试图了解客户所需的到底是何种帮助时，你就会与客户产生共鸣；
- 由于不常戴着一顶"销售的帽子"，你会建立起一种更强有力的关系；
- 你建立的是长期合作关系而不是短期合作关系。

如果将你的企业定义成问题解决者，霎时之间你就会成为代表客户的重要角色。你的角色是：找到客户试图进行的事情并帮助他们完成。戴上这副奇异的眼镜，世界就呈现出了别样的形态。

行动要点

根据你的企业回答下列问题。
首先是这本书的典型问题——为什么：

- 为什么人们选择你的企业？

....
....
....
....

- 为什么人们购买你的产品或服务？

....
....
....

■ 为什么他们从你手中购物？
....
....
....

另一些是典型的"是什么"的问题：
■ 什么是你正在试图给顾客解决的问题？
....
....
....

■ 什么是他们的理想方案？
　[在到访了你的企业之后，他们会怎么说，怎么想，怎么行动]
....
....
....

■ 什么是你的完美解决方案？
　[在到访了你的企业之后，他们会怎么说，怎么想，怎么行动]
....

现在，先暂时把销售之需放在一旁，问问你自己：

- 如果你抱着问题解决者的心态，为了使客户的生活更加方便，你还能够做些什么呢？
  [谈谈他们的竞争对手，谈谈潜在顾客和供应商，推荐一些你刚刚到手的新软件或者新的供货商，对他们表现欠佳的网站、广告、销售人员、接待人员等给予忠实的反馈和评价]

现实案例

　　得到的反馈是："你知道吗？你那所谓的优质软件在我的机器上无法运行，而且这一问题并不只出现在我这里。"只有当这种反馈是私下的、经理人之间的谈话时，其相关负责人才意识到确实出现了一些严重的问题（表面上是"顾客很愚蠢"的荒诞理念，隐藏其后的是：她的销售团队和技术团队对事实有所保留）。结果是，一个新的技术团队组建起来并排除了这一软件的故障。事后才恍然大悟，那时企业可能都无法再维持6个月的经营了。因为真相往往如此难以确定，所以确实应该有人来告诉经理事情的真相。结果表明：向企业反馈负面消息的客户，才是一生忠诚并心存感激的顾客！

诚然，当没有被问及而给出反馈意见时，尤其是给出的反馈相当冒失时，这就会成为一个高风险的策略。但是，只要你本着提供帮助的精神而给出反馈，你就应该会得到感谢并被牢记。当（供应商和客户）给我发电子邮件时说："你知道吗？你的……"我就非常高兴。显然，我们对此一无所知，或者我们已有些许所为。知道有人非常关注我们并且不厌其烦地愿意帮助我们，这是多好的一件事啊。对此我非常高兴。

#2 了解企业的实际经营范围

大部分人经常贱卖自己，与此同时也经常对个人感知的方式存在误解。我们如何看待自己的业务？客户如何看待我们的业务？这二者之间是存在差距的。

就个性而言，自我感知的个人形象（你如何向别人展示自己）和别人对你的感知，这二者之间的差距会导致严重的精神失常。这可能会导致你自闭！就企业而言，这样的一种差距会导致顾客的不满和业绩的不良。

因此

- 你是否曾对你产品的特点得意忘形，而忘记了客户也许会和你的观点不一致？

  是 / 否

- 你是否询问了客户足够的问题？

  是 / 否

- 你是否真正地倾听了客户的想法以及他们的需求？

  是 / 否

关于你能够给顾客提供什么，如果你的视野过于狭窄，你将会贱卖自己，也会错失发展合作关系的良机。另一方面，如果你了解所能给客户提供的帮助的广度和深度，那么你将发现与客户合作的新机会，并确实为其提供帮助。

扩大你对于企业定义方式的范围。考虑如何开拓新的或不同的产品 / 服务线以及如何进入新的或不同的市场。进行一下横向思维：考虑将业务范围进行扩张的优势和劣势，同时也考虑缩小 / 深化业务范围的优势和劣势。

#3 深入了解每个客户的切肤之想

深入了解每个客户的切肤之想，并非易事。几乎每个企业都在试图了解客户。市场研究公司设计的那些无穷无尽的顾客调查表，都在努力寻求如何将更多产品销售给半信半疑的客户的方法。

本书风格的尖锐诘问要持续提出：

- 产品是为谁制造的？
- 什么或谁是你的目标市场？
- 为什么客户购买这类产品？为什么他们从你手中购买？
- 成为你的一名客户感觉怎样？
- 你取悦客户了吗？
- 你必须做什么，才能以"传奇式的客户服务"而闻名？你会从中得到什么益处？
- 如果现在你对业绩欠佳的后50%的客户弃之不顾，会有什么结果？
- 你能找到20种方法接近其余50%的客户吗？你能够从他们的钱包里获取更多的份额吗？
- 你能为自己的企业甄别或者树立"代言人"（疯狂粉丝）吗？

有很多种研究方案帮助你深入了解客户的切肤之想——有些是传统的，有些是新颖的：

- 以客户为中心的团队
- 通过论坛的方式在网上进行一项调查
- 发动学生——让学生进行一项所谓的大学研究项目
- 邀请舆论界参加一次私人晚宴或者活动
- 为某种商界报纸撰写文章时，你可以和客户面谈，

并将客户评论写进文章
- 举办一次会议或者研讨会
- 举办一次特别的供应商研讨会
- 举办一个客户节

你为什么应该这样做？

出于某种原因，仅仅与客户保持一致还远远不够，你必须找到方法做得更多。为了领先于竞争对手，你需要了解客户的所想所需，并且证明你的确明白了他们的所想所需，同时能够比你的竞争对手做得更出色。

行动要点

写下10个最佳客户的名字，然后分别与其联系并询问以下问题：
- 关于我们做生意的方式，哪些方面让你确实喜欢？
- 关于我们做生意的方式，哪些方面让你无法忍受？
- 如果你经营我的企业，你会进行哪五项改革？为什么？
- 我错过了哪些机会？
- 如果我们要继续壮大企业，哪些方面必须保持？哪些方面必须舍弃？
- 我们怎样做才能够使你购买更多产品？
- 你认为其他客户是怎样看待我们的？

- 你认为谁是我们的主要竞争对手？他们比我们好还是比我们差？好在哪儿，差在哪儿？

这个练习能够启发你思考很多。

关键是……

关于深入了解客户的切肤之想，那得用一本书来进行阐述。关键在于：对于每个客户的需求、关注点和顾虑，你了解或感受得越多，你提供的产品和服务符合或超出他们预期的几率就越大。同时还会带来另一个附加作用，通过展示你的关注和热情，来证明你"并不仅仅是个供货商"，而是一个真正有爱心的人，那么你将有更多机会来增加销售。这一过程将让你在竞争中领先！

#4 卓尔不群方能鹤立鸡群

如果你与他人一样，那么客户为何从你手中购买商品？你置险情于不顾！赶快清醒吧！当今世界，竞争无处不在，你必须将自己与他人区别开来。

如果你在价格上竞争，获胜者将只会是客户。价格最低的公司（即拥有最大的市场购买力）将会获得业务。胆怯之人已无地相容。

关键点

人们倾向于那些他们认为或相信能达其所需的品牌。市场营销通常是一场认知的战争，而不只是产品的战争。当今世界，你必须加倍努力地去创造（和保持）认知上的差别。

如果你想更加成功地制造和维护产品认知上的差别，那么就应该对客户的感受有独一无二、真实可见的体验。由此可知，如果你的服务是无形的，那么树立自我品牌的有力途径就是创造有形的（及完美难忘的）体验。

相同/更好/最佳？

"相同/更好/最佳"指标是审视现有或新产品及服务的重要工具。这并非轻松之事，因为整个目的在于让你来设计和传递某种特别的东西。——因此如果你乐于平庸，那么这个工具并不适合你！如果你当前尚未准备好来真正提升产品或服务，那么这个工具也不适合你。

> **事 实**
>
> 品牌偏好总是接受这一产品的第一步。

那么，该指标是什么？这是个简单而深奥的工具，可以在研讨会上使用，来审视你自己和竞争对手的产品。

首先，你将自己的产品或服务解构成要素，分解成"客户触点"（我们影响客户感受的方式、时间、空间），然后再给每个要素打分。

"相同"——产品不比竞争者更好，与其大致一样。

"更好"——所提供的产品比竞争对手的稍好一些。

"最佳"——某种意义上真的令人惊讶，让人叹绝。

我为什么要在意"客户触点"？

如果你能体会客户对你服务的感受，你就能够着手对其进行改善，识别出并认清这一过程的每个步骤，并改善那些不满意的步骤。

现实案例

当吉姆·麦克弗森（Jim McPherson）着手设计一种全新的、所谓更好的培训课程时，他意识到所有的培训课程看上去都一样。吉姆开始设计一套全新的课程。他首先勾勒出他的设计，并开始草拟营销材料等等。接下来，他使用了"相同/更好/最佳"指标来针对其培训产品。他的评分表如下所示：

相同/更好/最佳指标：自己的产品 PK 竞争对手的产品

构成要素	相同	更好	最佳
市场营销材料		☺	
电话销售质量	☺		
电邮沟通质量	☺		
给出说明	☺		
课前介绍表		☺	
管理	☺		
会场欢迎	☺		
会场引路标志	☺		
场地款待	☺		
演讲者展示		☺	
演讲者和听众的互动		☺	
创意/概念/课程内容			☺
讲义材料		☺	
视觉效果	☺		
课后跟踪	☺		
参会者行为的变化	☺		
参会者企业绩效的变化	☺		

上述指标促使他领悟到：其所作所为必须有至少1/3的得分是在"最佳"之列，而在"相同"之列的要少于1/3。

吉姆现在经营着一家颇有影响力的培训公司，在其领域内位居第一。

行动要点

考虑一下你所经营的最差的产品或服务。使用如下的指标模板,决定主要的构成要素,然后给出每项得分。该如何做呢?对于每个要素,想想可以用来改善绩效的三件事。更好的做法是,和客户一起来做这个练习。

当你使用"相同/更好/最佳"指标来给你最优的产品或服务打分时,看看你一贯的得分落在哪些区域?在你的擅长之处或者你获得客户青睐的方面,会有什么情况出现呢?要常常以客户的视角来看待这个练习。从该练习你学到了什么?而且,最终你会怎么做?

构成要素	相同	更好	最佳
市场营销材料			
电话销售质量			
电邮沟通质量			
给出说明			
课前介绍表			
管理			
会场欢迎			
会场引路标志			
场地款待			

构成要素	相同	更好	最佳
演讲者展示			
演讲者和听众的互动			
创意/概念/课程内容			
讲义材料			
视觉效果			
课后跟踪			
参会者行为的变化			
参会者企业绩效的变化			

#5 构建策略来确立定位

对于你的企业环境进行冷静镇定的分析时,要考虑一些关键因素,这些因素可能影响你思考和筹划未来的方式。

关键性的策略问题包括:
- 你有多好?
- 你今天或明天的客户是谁?
- 你今天或明天的竞争者是谁?
- 今天或明天的市场会发生什么?
- 今天或明天的产业会发生什么?
- 今天或明天的世界会发生什么?

关于上述的更多细节,可以参阅笔者的另一本书《开创你的企业》(*Kick-Start Your Business*)中关于策略的章节（原文版169页）。

市场定位是你的企业制定策略的核心。这被认为是"企业再造"中最困难的部分之一。对于一些企业家而言，比较容易理解什么是定位，以及如何定位。困难在于执行，在于行动。

市场定位就是对于你竞争所处的位置（方式以及对手）——"地图"的全面理解。市场定位是个艰难的过程，也是个创造性、主观性的过程。市场定位有助于你理解：自己为何与众不同，或者如何突出区别。市场定位表明了你的领域版图，那就如同一幅地图。

确立市场定位的三个步骤

你如何区别于你的竞争对手？在了解了自己如何不同之后，你就可以将重点放在使自己与众不同的行动和沟通方面。要记住：如果你和竞争对手是一样的，那么顾客为什么要舍近求远从你手中购买呢？

确立企业市场定位的过程需要三个步骤

第一步：列出你的竞争者，以及每个竞争者所瞄准的客户或客户群体

勾勒出一个表格，列出你的主要竞争者。在每个竞争者旁边，列出该竞争对手所聚焦的客户或目

标客户群体。那么接下来你看到的就是：

不同的竞争对手致力于不同的目标市场或者再分市场。

第二步：写下你的目标市场

换句话说，你针对的是哪些客户或客户群体？

详细考虑你的企业行为所针对的客户。考虑你的主要竞争对手所瞄准的那些客户。

我们经常辛劳地生产产品并将其销出工厂大门，却忘了提醒自己到底要努力做什么。更重要的是，我们需要对自己身处的竞争环境有全面的了解。

第三步：确立你的市场定位

警示：确立自己的市场定位是个含混的过程。市场定位有助于你搞清楚自己的竞争环境。不能因为这个过程含混不清晰，你就可以什么都不做。

市场定位是由所谓的"品牌定位矩阵"确立的。论其本质，这是个矩阵。这个矩阵有两个坐标轴，按照竞争企业在各自坐标轴上的所获得分，你可以描绘出这些竞争企业。

简单而言，你可以决定坐标轴的名称。其目的是：找出可以用来强化标志你和竞争对手之间差异（从客户的视角）的坐标轴。

什么可以作为坐标轴的标尺呢？这时候需要点创意了。从客户的视角来考量一下你的企业。如果你对某个客户进行访谈,当他们将你和同业者进行比较时,可能会用何种标准进行衡量?比如,更智能、更快捷、更高科技、更精准、更便宜、更清洁、更友好?

选取几个标准用于你的企业,看看哪些标准可以让你和竞争对手之间产生差距空间。

比如,如果标准是"快捷",是否意味着你的大多数竞争对手都非常拖沓?如果标准是"年轻",是否表明你的竞争对手都很年老?

最终,你会有两个标准用于这两个坐标轴,也许是标准的解决方案:"地方的—全国的"、"传统的—超现代的"、"高科技的—低科技的"、"大都市的—乡土的"、"室内的—户外的"、"便宜的—昂贵的"、"客户主导的—市场主导的"等等。你必须在纸上亲身感受一下这个练习,只是停留于口头空谈,难以让你更好地理解自己的企业。找出两个坐标轴的恰当组合比较困难。如果你能够将自己和其他企业区别开来,那么这些区别就可以成为你关注的焦点。

以下的案例将会解释如何在实践中运用该矩阵。

现实案例

吉姆·麦克弗森的培训企业,在成立之初试图努力建立某种"独特性"。在使用了"相同/更好/最佳"指标之后,吉姆开始致力于市场定位——在为客户尽其所能的层面,该方法有助于他了解自己和竞争对手之间的差异。

对于坐标轴标尺的不同组合,在尝试了几个小时之后,吉姆的管理团队最终发现了一组可以将其区别于其他企业的标准。选出来的标准是:

- 产出或完成工作的类型
- 与客户相处的风格

竞争对手:

- 大型培训公司
- 商学院
- 政府或者商业支持机构
- 独立培训者

坐标轴1:产出类型	
比较尺度:是专业小公司还是多种经营公司	
大型培训公司	总体上非常全面,声称在大多数领域内都是专家
商学院	总体上非常全面,声称在大多数领域内都是专家
政府或者商业支持机构	总体上非常全面,声称在大多数领域内都是专家
独立培训者	非常专业、普通
吉姆的培训企业	非常专业

坐标轴2：风格	
比较尺度：是理论型培训/研究型培训/课表型培训还是高度实用型培训/挑战型培训	
大型培训公司	按照教学课程进行
商学院	按照教学课程进行
政府或者商业支持机构	通常按照教学课程进行
独立培训者	按照教学课程进行，也聆听客户需求
吉姆的培训企业	深受客户青睐，非常现实，满足所需

如果你在矩阵上绘制好两个坐标轴，并且标明了不同竞争对手的不同位置，你的图表就如下所示。

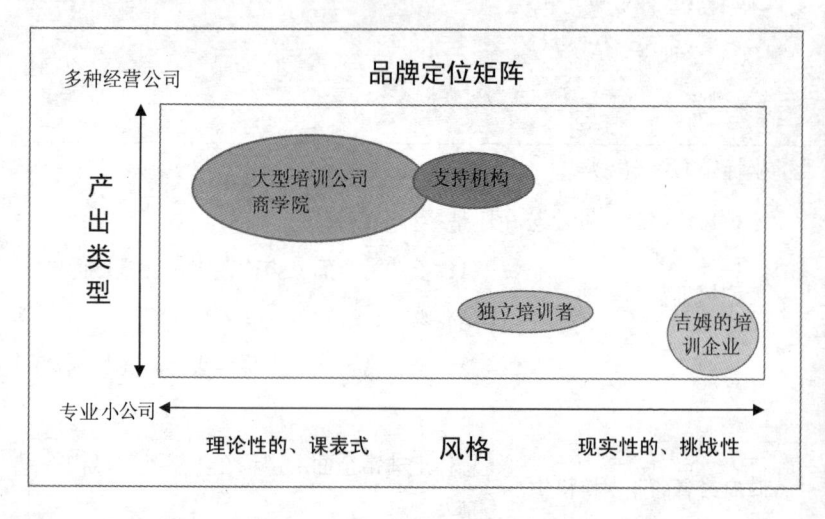

品牌定位矩阵

多种经营公司 ↑
产出类型
专业小公司

理论性的、课表式 ← 风格 → 现实性的、挑战性

- 大型培训公司 商学院
- 支持机构
- 独立培训者
- 吉姆的培训企业

从上述品牌定位矩阵中可以得知，你对坐标轴的选择能够使我们定义一个独特的定位。这可以用

来强调企业和竞争对手之间的差异。

比如，对于广告副本或者销售语调的拟定，你可以参照如下方式：

"鉴于大多数培训公司都致力于他们自己的教学课程，而我们却与之相反：我们致力于客户需求。"或者："如果你需要一种通才培训公司，那么请另觅高明；但如果你需要一个对于领导力课题有着更深理解的培训公司，那么来找我们吧！"

关键是……

上述品牌定位练习使得你能够定义自己的目标市场。发展目标市场的目的在于要让你的企业与众不同，或者在其领域内更加独特。

#6 计算客户价值

你是否知道，于你而言一个客户价值多少？如果你不知道客户的真正价值（对你的企业而言），那么你如何决定花费多少代价来获得一个客户呢？

客户价值往往超出我们的认识水平。特别是在服务行业，更是如此。你必须知道获得一名客户需要花费的成本和代表性的客户对你的价值。只有这样，你才能够决定你愿意花费多少来获得一名新客户。

定　义

"关系营销"是指通过信息的巧妙运用,保持长期回报率的最大化。这些信息被用来增进和营造与客户之间的优越关系。

客户生命周期价值

客户生命周期价值是关系营销的核心。数据库和数据挖掘是大型企业中经常使用的工具。

在传统营销中,每个客户都是以年度为基础进行评估的,重点关注于年度利润。这一方法造成了评估体系和现实世界的巨大沟壑。在现实世界中,从某个客户身上获利需要花费一定时间。请记住,客户不会随着财务年度而始终。可能需要数年时间才能在客户关系上获得投资回报。

客户生命周期价值是,在其全部可预期的与公司关联的周期内,用以考虑客户价值的方法。

普遍认为,一个公司为获取一个新客户而进行的投资,不可能由第一笔交易所收回,甚至也不可能由第一年的交易所收回。

#7　挑选你的武器

谁是你意图获得的客户?你试图对他们说什么?在知道这些问题的答案之后,你才可以考虑如何花费你的营销预算。

第二章 普遍适用的有效工具

我的观点非常简单。

除非你知道自己试图沟通传递的内容、对象以及缘由，否则你无法有效地选择最为恰当的工具。当你明白了试图沟通传递的内容、对象以及竞争对手，再来考虑可能使用的工具（或武器）。

你还不能着手选择你的营销工具，直到你已经非常清楚你以何种方式来吸引客户。大多数营销活动的起点是进行预算，之后选择工具，然后选择信息。这种看待问题的方式是逆向思维的（除非你乐于花别人的钱！）。

《顾客就是上帝》一书中提到的七个要点非常实用，可将客户感受和你公司的市场营销嫁接在一起。如果市场营销是种"承诺"，那么经营就是在传递兑现承诺。

当今世界，大量产品越来越相似（相似的价格、特性、人员、硬件、软件），那么会成为赢家的，是那些超常兑现承诺的公司，是那些能够了解客户真正所需以及为何所需的公司，还有那些能够沟通传递这些信息的公司……

评估你的武器

这里提供一种工具，可以用来帮助你评估是否已经为自己的企业选择了恰当的市场营销武器。大致上依托于莱文森（Levinson）和麦克劳克林

（McLaughlin）的著作，我们做了一些定向研究，以搞清楚某些关键武器一般情况下是如何在独立或者专业服务公司进行运作的。

市场营销武器	付出的努力程度	成本	市场收效
调查	中高	中高	高
专门报告	中	中	高
时事通讯/电子杂志	中	低	高
演讲	中	低	高
书籍	高	高	高
网址	中	中	中高
论文	中低	低	中高
公益活动	中低	低	中高
公共宣传	中	中低	中高
关系/网络	中高	低	中高
赞助活动/贸易展销会	中高	中高	中高
案例研究	低	低	中
目录清单	低	低	中
直接邮寄	中	中高	中低
印刷手册	中	中高	低

上述表格向你展示了那些广泛使用的营销武器，以及他们付出的努力程度、成本和市场收效的相对水平。你可以添加自己的武器，你也可以调整相对

分数以适应自己的企业和产业得分。

考虑自己企业的结果。要将自己的营销花费（时间和资金）决策建立在自己所希望的收效和结果基础上。然后试验、试验、再试验。

《顾客就是上帝》是一门专业"学科"体系——是运用靓点营销思想促就你提升企业销售和利润的真实样板。

客户体验

人们谈及"客户体验"时,仿佛它有些神奇、神秘,说不清道不明。但在我看来,它并非那样神秘。

客户感受是什么?

客户感受就是"你所得到的"(参阅25页FiMO模型中的"企业经营"),或者远不止这些,让我来解释。

企业经营就是关于产品或服务传输过程中的所有环节——这往往是从生产者的角度讲的。

- 我们是否给了客户恰当的东西?
- 我们是否给了客户所需要的?

客户感受同样是一个交易过程,只不过是从客户视角定义的。由此我们会发问:

客户对于这一交易过程的看法和感受会是什么?

正如之前所讨论的,企业经营并不是在真空中运转。对于客户而言,获得产品或服务最重要的一点是:该产品或服务是否满足了或超出了客户预期。如果市场营销是承诺,那么企业经营就是承诺的兑现,客户感受就是市场营销与经营的交会点!

为什么客户感受事关重大？

难以置信,我居然写下了上述标题。这当然是非常重要的,而且其重要程度远远超过了其他任何因素。

客户感受可能是对于你的企业而言唯一重要的因素,客户会为之埋单。他们会告诉别人你有多棒。他们愿意被好好对待而非相反。对于独一无二的服务,客户会铭记在心并口口相传——他们已经变成了你的疯狂粉丝。对于糟糕的服务,客户也会铭记在心并口口相传的——那样你就玩完了。

那会怎样？

提供神奇的、出色的服务会让你好评如潮……那么口碑式的市场营销就是最有力的传播方式之一。

行动要点

用如下表格给你自己打分。就是让你看看自己做得怎么样?你怎样提高得分?你要做些什么才能改善客户的感受,履行你的承诺?

客户感受

1. 我们"贴近"客户感受的每个阶段。

%
1 — 10 — 20 — 30 — 40 — 50 — 60 — 70 — 80 — 90 — 100
你的梦想　　　　　　　运气不错　　　　　　　　已然成功

2. 我们创造了难忘叫绝的经历,这会激发客户把这次不平凡的感受讲给其他潜在客户,在他们当中口口相传。

3. 我们满腔热情地投入工作,我能满腔热情地接待客户。

4. 我们以身垂范、换位思考:对于客户的环境和需求感同身受。

5. 我们已经创造了这样的体系:让客户凭直觉喜爱,而不仅是因为使用方便。

提供独一无二的感受就是走进客户的内心——不要只是提供一笔交易,而是让他们与你建立一种联系。这种联系是靠加深感情来发展的,真的非常重要。

客户服务的最佳秘诀

我来唱唱反调,展示一种目前由很多大企业推行的客户服务模式。这属于题外话了,想法和观点有些混杂。

问 题

真的是客户自己在做主吗?

谎 言

现如今,最大的谎言就是"客户自己在做主"(正如市场营销部门经常所声称的)。

> **事 实**
>
> 为客户提供良好服务要比以前更加困难,而且,客户要求也更加苛刻。

另一个谎言

另一个谎言就是"客户服务更好了"。事实并非如此。大多数人会告诉你,现实情况是大部分的客户感到服务很糟糕,非常糟糕。没错,对此世人皆知。

因此,为何大企业试图要让客户自己做主?

让客户自己做主的唯一原因是出于财务考虑——企业成本降低……却得到了更多的服务,因为很多客户都在亲力亲为。在客户服务并不完美的情况下,大多数客户更倾向于直截了当的自助型服务(想想宜家IKEA)。

问 题

如果每个公司都想取悦客户，那我们为什么不能让我们的客户高兴满意呢？现实情况是客户服务已糟糕到极点。

停下来想一想

作为客户，我们感到被出卖了。这点值得注意：一个完整的企业理念、口号，在现代世界里广为传颂，却显然毫无实质内容、空洞无物。大多数企业和机构（无论医院、会计师事务所、律师事务所、航空公司、大学、商场、饭店、电器零售商、宽带供应商、建筑商、出租车公司或者软件公司）都公然爽约。客户并非上帝，（再次）被弃之一旁。

现实是灰暗的，有多少次呼叫中心告诉你"我们接到的电话量超过往常"，或者"现在我们所有的客服人员都非常忙碌"，或者"请您等候"？这些说辞之后通常又紧随着一句（自相矛盾的）"我们非常重视您的电话"。

哼哼哼哼哼！如果他们重视我的电话，为什么总让我等候？如果他们接到的电话量超常，那为什么我们客户不能得到超常的服务呢？

醒醒吧！

许多公司开始意识到这样的事实：客户真的非

常生气。客户服务评价毫无意义，毕竟，其平均得分总是中等偏上（怎么搞的？）。

那会怎样?

显然，大多数客户并未感受到是"自己在做主"。你可以将其变成你的优势，当你真正让客户自己做主时，就能够与众不同了，——想想这是多么简单啊。

与此同时，现实有多么真实呢?

那么，在英国汉普斯特德（Hampstead）的"爱尔兰酒吧"有多真实呢？或是超市里的那些自制汤？我们都痛恨那种被骗的感觉。然而大企业似乎总是想尽办法，用种种明显错误的诡计和手脚来故意欺骗我们，以谋取利益。

真实的客户关系将机构那些天花乱坠的广告宣传一扫而光

身处在这个平庸世界，服务平淡无奇，重要细节往往缺少关注，这对于独立思考的企业而言会有很多机会。

几乎所有的商场，"店大欺人"都会让人反感。在其追求信誉度、程序化和赢利性时，他们总是忘记了客户（以及在企业工作的员工）。十有八九，地方企业（或者小型企业）可能不是因为便宜而赢得市场，但却在关注服务、细节、产品知识以及客户心理等方面做得更好。

大型企业不可能对客户妥协、倾听客户的诉求并与客户相呼应，但是小型企业却可以。一个小型企业所能产生的活力、热忱和激情（在员工和客户之中，）可以使得最简单的销售任务变得非常愉悦。

问题在于你是否愿意应对挑战。

成功，什么是成功？

对于成长型企业而言，成功是一件令人困惑的事情。你追求与之相随的人气和利润，然而你在获得这一切之后，你的产品却丧失了与成功的亲密接触，你的客户不再拥有你曾经能够给予他们的特别关注。

停下来想一想

如果你偶然发现了一种成功的企业模式，你必须作出重要选择：

是应该扩张，另开分店，再开一家特许加盟店，还是另立一张执照，抑或别的？

毕竟，如果你已经找到了取胜的策略，那么通过在市场中供其所需（提供更多产品）而获得现金流入，这一策略似乎是唯一合理的。让我们暂时唱个反调：只要你能给市场提供所需，还有什么问题吗？如果能提供产品是件好事，那么提供更多产品不是更好吗？当你将自己特殊的、可信的、限量版的产品成倍生产，使其随处可见，曾经喜欢该产品的人们（即那些市场营销周期中的"早期接纳者"）也将不可避免地对其产生反感。

"星巴克（Starbuck）已经不是曾经的星巴克了"，他们这样告诉你。当觉察到你的产品不再权威时，铸就你成功的早期粉丝就会首先挪步离开。他们认为，"在产品获得广泛认同之前，这些产品（或其制造商）似乎不仅仅是为了赚钱，让你感受到的更多的是更实用、更精彩、更权威。"

所有这些导致怎样的结果？

还是启动"市场营销"之魔（或叫市场营销之神，随你怎么叫）吧。品牌、商标、推销技巧、市场定位、目标人群已经与公司的贪婪紧紧联系在一起。他们总是想方设法从我们（消费者或者客户）手中把钱赚走，这似乎已经成了整个营销的关键。这种对市场营销的不信任，源于大家对商品真品质的渴求——因此有时更愿意从那些不太积极推销商品的人手里去买。

一些相关的引言

正如奥斯卡·王尔德（Oscar Wilde）在《贵在真诚》（*The Importance of Being Earnest*）一书中提到的：

就重要性而言，诚意不值什么，风格才至关重要。

电影大亨塞缪尔·戈尔德温（Samuel Goldwyn）曾经坦言：

诚信非常重要，一旦你学会了假装真诚，做其他任何坏事就非常容易了。

我上个月见到了喜剧演员比利·康诺利（Billy Connolly），有人大声向他质问：

给我们讲个笑话吧，你这个富有而丑陋的家伙。

康诺利的回答是：

如果在富有和贫穷、丑陋和美丽之间做个选择，那么每次都是富有和丑陋获胜。

客户服务的最佳秘诀是什么？

关于客户服务，有一些我们不应该忘记的基本常识。

- 首先，客户服务总是越来越差，因为它的确很难做。
- 其次，真正的（最佳）秘诀就是：要像对待自己一样对待客户。
- 第三，提供优质客户服务的真正难点并不是服务本身！最难办的是服务之外的一切！难点在于：公司打算自己应该做什么，以及这样做的最后结果。

大多数航空公司都提供很糟糕的服务和食品，因为他们实际上并不认为自己是服务机构，——他们自视为按照单位英里/座位创造收入的机器。大多数食品店也没有将自己视为服务机构，而是自视为汉堡或比萨饼的工厂，只专注于单位小时内员工所获得的利润。

存在巨大的机遇在等待着如你之辈来发掘把握。很多人对身边的平庸熟视无睹。事实上，很多人陷于周围这种"每况愈下"的情形而不自觉。在自己的竞争领域中击败"商界强手"的大量机会正在不断显现（由于你和自己的客户关系如此贴近，因此你可以为他们提供一种量身定制的服务）。那些商界强手对填补市场空白的机会不感兴趣。

第二章的结论

这一章"普遍适用的有效工具"展示了很多工具，几乎与我们合作过的每家企业都使用了它们，因此你绝对不能错过。

接下来，第三章"其他工具：自助选择"。

该部分是一系列工具的汇集，对于壮大你的企业用处极大。

第三章
其他工具：自助选择

其他工具

本书的这一章是一系列工具的汇集,其中一些你会发现非常有用,可帮你拓展业务。我敢说,你会发现其中一些工具并不是特别适用于你的生意。那没问题,你选择你能用的去做就行了。就把这些工具组合视为自助餐或者一盒巧克力糖吧,只选用"对你有用"的方法,获益多少因需而定。

福里斯特·甘普(Forrest Gump)说,"我母亲总是告诉我,生活就像一盒巧克力糖,你永远不知道你取出的是何种味道。"

市场营销工具包

这一章节与之前讨论的"如何成为专家"（见"专家"，85页）一节相联系。无论你要参与到何种类型的促销活动中，你都需要制作一个市场营销的工具包。

这个工具包应该囊括你能够展示的所有部分：
- 一个潜在的客户
- 一个潜在的投资伙伴
- 一个新员工
- 一家网络设计公司
- 一名记者

把所有工具整合在一起的过程能够让你充分展示自己——工具包本身会给阅读者需要理解的所有信息，这些信息包括你应该做什么，以及什么使你与众不同。有趣的是，很少有企业会不辞辛劳地整合这样一个工具包。组合这个工具包的过程会让你有机会对如何进行市场营销做一次深刻思考。

一个典型的工具包可能包括以下内容，具体取决于你企业的类型和手头的材料：
- 来自满意客户的推荐信
- 名人代言书

- 涉及你的相关文章
- 你已发表或未发表的文章、新闻稿件
- 一两页可供传真的广告和三折式的广告印刷品
- 你制作的或有关你的录音带、录像带、CD 和 DVD
- 已发表的"新产品"公告或新闻稿件
- 广告展示副本
- 广播或电视广告文本
- 你的会员或附属机构名录
- 产品目录、手册、通告或数据表格
- 问答表，FAQ 表（常见问题表）
- 年度报告、性能说明、简章
- 时事通讯或者你使用的新闻类信函
- 你的座右铭、企业宗旨或者服务承诺
- 你或他人的调查结论
- 演示说明、幻灯片或者日常开销
- 写给客户的营销函
- 贸易协会提供的一般性资料
- 影响你目标市场的各种趋势分析文章
- 白皮书、研究报告/结论、操作细则
- 关于你的办公设施、装备、产品（人员、客户等等）的图片，或者关于贸易展览会上的海报、横幅、展示材料的图片

■ 你和自己团队的照片

　　能有这样一个可以信手拈来的市场营销工具包，真是一件奢侈之事。拥有这样的装备和文件，表明你已非常重视自己所处的生意行当，并且不厌其烦地帮助别人来切实理解你的所作所为。恰当的市场营销工具包会使你从竞争中脱颖而出——但很少有人会耗时费力地整理这些工具。

壮大企业的方法之一：安索夫矩阵

我的职业伊始，是当了一名录音工程师。当我被告知在录音棚里只有两件事（一件是把声音调高或调低，一件是让声音继续或关闭）可以做的时候，对这份工作的理解就感觉容易多了。

为了壮大企业，通常只有三件事需要你来做：

1. **改变你所提供的产品或服务**（新产品开发：同样的市场、全新的产品）

2. **改变你的销售市场**（市场延伸：全新的市场、同样的产品）

3. **合二为一**（多样化：全新的市场、全新的产品）

第四条将会是"做你已经在做的，但是要做得更好、更快、更便宜、更迅速"（或称之为"市场渗透"：同样的市场、同样的产品）。但这不是一个新的方向。

有一个已被尝试和检验过的模板，被很多人用来为成长型企业做市场分析、市场发展并作为产品策略，它就是策略管理大师伊戈尔·安索夫（Igor Ansoff）开发的矩阵。

如下所述，安索夫矩阵提供了一个逻辑框架，对壮大企业的不同策略进行了解析。

伊戈尔·安索夫绘制了两个维度的取向（市场和产品）并使之交叉，创造了一个矩阵架构，来评价不同的策略。泛泛而言，四个主要的策略选择是：

1. 新产品开发
2. 市场延伸
3. 多样化经营
4. 市场渗透

我们已经知道了标准的两两矩阵，现将其改为三三矩阵，这样就能产生出由这些工具搭配成的更多的选择和排列组合。

安索夫矩阵

服务/产品 \ 市场	现有的	延伸后的	全新的
现有的			
改善后的			
全新的			

安索夫矩阵展示了你生意中可能获取的各种机

135

会,这一矩阵揭示了:任何新的取向都会伴随不同层次的风险。

当你从矩阵的左上角开始移动时,其风险状况层次各异、或大或小。就像气象图上的等压线,当你游离出"舒适区"时,你的风险就增加了。该矩阵表明,当你朝着矩阵右下角移动时,各种层次的风险会随之增加。因此请确保你真的已经考虑清楚"更高风险策略"的潜在后果。

怎么运用它呢?

通常,矩阵的右下角看上去是最激动人心,也是潜在利润最为可观的区域,但其风险也最高。

在大多数案例中,最成功的策略是相对简单的。最高风险策略就是**多样化经营**(全新的市场、全新的产品)。当公司试图接受全新产品进入全新市场这一双重风险时,警钟就响起了。尽管这种选择看上去非常诱人,但它很可能是一场幻想。

在头脑清醒的某天,那些追求诱惑(全新的市场、全新的产品)的公司,选择了矩阵右下角的多样化经营,却常常忽略了那些不太诱人但却更加安全的左上角的选择,即继续在现有市场中售卖现有产品。

发掘市场空白和机会的目录清单

1. **被忽略的市场**:比如,客户的需求已经超出了供给所能，例如英国摩根（Morgan）手工制造的汽车；进口的有机酒。

2. **未满足的市场需求**：比如，办公室外的工作产生了对于便携式笔记本电脑的需求；宠物小精灵卡片交换店的出现。

3. **现有产品的不足**：比如，咖啡中的咖啡因引发了对无咖啡因咖啡的需求；不易保存的鲜花引发了对于可以长久保存的水晶花盒的需求。

4. **其他成熟市场的空白点**：比如，纸尿布；户外作业的工人所需要的经久耐用的手机。

5. **已经证明的产品线的延伸或新形式**：比如，橄榄球俱乐部球迷的围巾、T恤衫和运动衫；亨氏食品公司的减肥汤。

6. **技术性的突破**：比如，电邮式的咨询师或商务顾问；减少手机辐射的特殊贴膜；无斗的真空吸尘器。

7. **从其他市场转移的成功模式**：比如，夏威夷的溜溜球玩具；西班牙的餐前小吃。

8. **可以满足同样需求，但以更加经济的方式来取代现有的昂贵方式**：比如，临时办公室、自由撰稿人、IT经理，你只需要他们一天或者一个月。

9. **可以满足同样需求，但以相对昂贵的方式来取代现有的足量方式**：比如，本 & 杰里（Ben & Jerry）的冰激凌；由设计师量身定制的足球靴。

10. **复制替代品，复制竞争者模式**：比如，野麦餐厅（Wild Oats）复制了主题酒吧模式，在餐厅内提供了很多种游戏和报纸；地方熟食店为了保持销量也卖起了三明治。

11. **与传统产业模式标准相反以标新立异**：比如，格里·本特利（Gerry Bentley）在面对其竞争者频繁使用数据库和计算机方式与人沟通的情况下，选用了"钢笔墨水"方式与人沟通；厨师安德烈亚斯·奥诺雷（Andreas Honore）为其餐厅的所有客人都亲自提供服务。

12. **改变产品吸引力并且（或者）自我重造**：比如，葡萄式能量饮料（Lucozade）从一种病患者的药饮变为健康人的健身饮料，其视线从满足大众市场转变为吸引职业运动员。

13. **改变产品的用途**：比如，异丙醇（isopropyl alcohol）打上"录像机磁头清洗液"的商标，就能以10倍的价格售卖；苏打中的重碳酸盐（bicarbonate）被打上"冰箱清新剂"的商标打包出售。

14. **增加些互补性的产品或服务**：比如，CD商店不仅卖CD，也卖书卖货；牙科医生既卖普通牙刷，也卖专业牙刷。

> **现实案例**
>
> 　　加利福尼亚一家电脑零售公司，在本地市场销售个人电脑做得非常专业，它曾经试图向大型公司机构销售非常昂贵的大型电脑主机。这一策略直接使该公司滑向安索夫矩阵的右下角。不到三个月，该公司便被诉至破产法院。他们实在没有意识到这两种供货对象的巨大差异，因为销售的产品都是电脑，他们就（错误地）认为销售所需的技能也相同，其实客户类型、客户需求，以及产品和产品性能都截然不同。

> **现实案例**
>
> 　　网络设计和搜索引擎优化代理商 MisterWeb 公司为了扩大生意，花费了三年时间来开发和培育网络设计，而且已经发展到了拥有23名员工担任编码员和客户经理的规模。该公司的经理人菲尔（Phil）有一个潜在的合伙伙伴，一直试图与他一起筹建一个空调行业的网络商业模式（而他对此毫无经验）。菲尔每周在这个新项目上都耗费大半天，但后来终于认识到以下几点：
>
> - 这个新业务确实位于安索夫矩阵的右下角，因此是高风险的。
> - 如果按照原则坚守在安索夫矩阵的左上角，就会赚到足够的钱。

行动要点

1. 考量一下你的企业迄今为止的发展过程，按照成长矩阵做一个划分。你的企业发展是基于产品开发，还是基于市场开发，抑或是以矩阵右下角为重点？发展过程中是小步快走还是跨步跳跃？你如何应对和管理这种变化？

2. 考量一下你未来的商业计划和商业决策，它们现在仍在延续该种趋势吗？管理这种成长的后果将会怎样？你会怎样扩大你的生意？与之关联的风险是什么？如果有一系列选择，那么你可以使用安索夫矩阵来对其进行比较。

市场策略就是关于贸易交换和选择——成长型矩阵可能会有助于你作出艰难决策。

有些人已经注意到，我对于商学院模块的热情并不高，但是安索夫矩阵改变了我的生活。只有当我面对安索夫矩阵的时候，我才弄明白我那些早期生意的成败得失。

壮大企业的方法之二：乘数效应

在"靓点营销"研讨会上，被问到最多的问题之一就是："我怎样才能壮大我的企业？"研讨会中的这一环节总是最吸引人的。在此我们来看看"三加一"乘数工具，这听上去非常棒，难道不是吗？

我为什么应该关注？

如果你做下"三加一乘数"的数学题，你会发现行动上的微小变化会带来生意发展中的巨大效应。

令我惊喜！

有这样三个基本的杠杆工具，你可以用来壮大你的企业：

1. 你可以获得新的客户。
2. 你可以让客户购买更多产品（增加订单平均价值）。
3. 你可以让客户光顾更多次（增加订单频率）。

对上述三个杠杆工具组合运用，成果便会非常显著。

> **壮大企业的方式**
> ——三个"更多"
>
> ■ **更多客户**：争取新的顾客。
> ■ **更多人均销售额**：让顾客购买更多产品（增加订单平均价值）。
> ■ **更多年均销售额**：让顾客光顾更多次（增加订单频率）。

1. 争取新客户

争取新客户似乎通常是壮大企业的最明显的方式，但也是最为昂贵的方式。研究表明，对一位新客户进行营销的费用，要比对一位老客户的高7到20倍。新客户可能会付出高昂的代价，你需要知道获得一名新客户的成本花费，这样你才能计算出获得10名新客户的成本花费及其他。

2. 让客户购买更多产品

如果可以，对现有客户销售更多产品。销售人员将此称之为"搭售"。当客户从你这里购买东西的时候，有什么方式可以让客户再买些其他额外的商品呢？如果客户买的是蛋糕，你能否让他也买点咖啡？如果客户花钱报名某个培训项目，你能否让他也购买一套DVD？如果顾客买的是厨房刀具，你能否让他也购买磨刀石？如果客户购买的是罗巴克（Roebuck）的鞋子，你能否让他也买瓶罗巴克鞋子专用清洗剂？我确信你已经掌握要点了。

3. 让客户多多光顾

壮大企业的第三个杠杆就是让客户更频繁地光顾。你能否吸引客户更加频繁地光临你的小店或网站？这会对你的销售额产生意想不到的影响。很显然，如果你提供的是一次性的销售（例如葬礼）或者是偶然性的销售（例如离婚），那么想让现有客户更加频繁地购买就比较困难！然而在很多情形下，仍然有很多机会来缩短销售周期，使你收获丰厚。

比如，在餐馆中你可以策划特别主题晚会（希腊式的、西班牙式的、法国式的、万圣节式的）来吸引现有客户更加频繁地光顾。或者你可以推销一种忠诚卡，鼓励和回报那些经常光顾的老顾客。

上述三种杠杆工具的效果

壮大企业的最好方式就是能够发挥上述所有三种杠杆工具的双倍效应。

因此，问题就是：

- 你能让每个客户都把你介绍给新的客户吗？这将使你的客户数量翻倍。
- 你能让现有客户购买的产品翻番吗？这将使你的营业额翻倍。

- 你能让现有客户光顾的次数翻番吗？这也将使你的营业额翻倍。

在这个过于简化的案例中：

- 某公司拥有100位客户。
- 平均单笔交易额为100英镑。
- 每年每位客户购买5次。
- 营业额为50,000英镑（100×100英镑×5）。

如果这样就会变成：

- 该公司拥有200位客户。
- 平均单笔交易额为200英镑。
- 每年每位客户购买10次。
- 营业额为400,000英镑（200×200英镑×10）。

营业额翻了8倍。

三个"更多"：便捷的途径

- **更多客户**：让每个客户带来一个新客户。
- **更多人均销售额**：客户人均消费翻倍。
- **更多年均销售额**：客户光顾次数翻倍。

  100×100英镑×5＝50,000英镑

  200×200英镑×10＝400,000英镑

由于这种快捷方式带来的效果过于显著，因此更为现实的变化是值得考虑的。

对于大多数企业而言，你应该能够：
- 提升客户数量，比如5%。
- 提升单笔交易额，比如5%。
- 提升年均销售额，比如5%。

这种相对细微的变化所带来的效果仍是相当惊人的。

在这个过于简化的案例中：
- 某公司拥有100位客户。
- 平均单笔交易额为100英镑。
- 每年每位客户购买5次。
- 营业额为50,000英镑（100×100英镑×5）。

结果会变成：
- 该公司拥有客户105位。
- 平均单笔交易额为105英镑。
- 每年每位客户购买5.25次。
- 营业额为57,880英镑（105×105英镑×5.25）。

由于这样一些细微改善，使得该公司营业额增长16%，这相当不错。

三个"更多":
结 果

	起点	增加5%	增加10%	增加25%	增加50%	增加100%
客户数量（位）	100	105	110	125	150	200
客户人均销售额（英镑）	£100	£105	£110	£125	£150	£200
客户年均销售次数（次）	5	5.25	5.5	6.25	7.5	10
公司营业额（英镑）	£50,000	£57,881	£66,550	£97,656	£168,750	£400,000
	100%	116%	133%	195%	338%	800%

通过对这一案例的列算，我们能发现其利润的最终情况，即三个5%的改变会导致净利润43%的惊人增长。

"加一"是什么意思？

"加一"是一个人们经常遗忘的因子。"加一"就是那些离开我们的客户，其技术称谓为"客户流失率"。

统计数据是令人惊讶的……

- 5%的客户流失是因为他们去世了——这个数字还算公平。
- 5%的客户流失是因为他们"体面地消失"了，比如搬家了，生意倒闭了，入伙他人了，等等。
- 5%的客户流失是因为我们糟糕的服务。
- 65%的客户流失是因为他们感觉到我们的不在意、不重视，所以他们转向了那些在意他们并热忱相待的商家。

丧失兴趣

你最后一次做客户调查是什么时间？因为如果你最近还没有做客户调查，那么你怎能知道他们在想什么？如果你不知道他对于你以及你企业的想法，那么他们很可能在考虑转向别处了。

你必须贴近你的客户，以使得客户感受到你对他们并非无动于衷。

某些咨询顾问反复鼓吹一些难以置信的数字，展示如何可以在三周内使你的利润翻番，或者声称无论最新需求是什么，都可以运用它来赢取客户……对于这类方式，我都深恶痛绝。正如所言，在"三加一体系"中的相对细微变化会导致你经营业绩的极大提升，这一点是惊人的。我的建议就是你亲自运用这些工具——警醒一点，不要被那些打着有助销售旗号的烟雾、魔镜和万灵油等花哨玩意儿所蒙蔽。

快捷策略四步骤：一种快捷有效地计划进程的工具

过去五年来，我们一直在使用"快捷策略"工作表来为企业制订便捷（但有效）的计划。就是这样一个卓越而简单的工具，能够帮助你更好地经营企业。

说 明
以下每个工作表都需要花费大约半小时的时间。

快捷策略1: 如何提升客户满意度？
怎样才能使你的客户更加愉悦？因为他们感到越愉悦……
- 他们就会越乐意去支付；
- 他们就会越乐意给你介绍更多客户；
- 他们就会越宽容你，即便你犯了错误；
- 他们就会越乐于与你相处。

快捷策略2: 怎样才能提升技能培训？
你的技能越高，在以下方面就会做得越好:
- 代理；
- 销售；
- 议价；
- 领导；

- 使客户满意！

快捷策略3: 怎样才能提升生产率？

更高的生产率意味着：

- 同等时间你会处理更多事务，或者处理同样事务只需花费更少的时间；
- 更有效果；
- 更有效率；
- 更多利润；
- 更多现金。

快捷策略4: 怎样才能获得更好的业务？

在你决定如何获得更好的业务之前，你必须知道，对于你的企业而言什么才是更好的业务？是以下的某种吗？

- 25英里以内的业务；
- 每笔订单超过1000英镑的业务；
- 源自蓝筹股公司的业务；
- 重复性的业务。

快捷策略

快捷策略1: 提升客户满意度

行动	负责人	所需时间、费用	截止日期	完成指标

快捷策略2: 提升技能

行动	负责人	所需时间、费用	截止日期	完成指标

快捷策略3: 提升生产率

行动	负责人	所需时间、费用	截止日期	完成指标

快捷策略4: 获取更好的业务

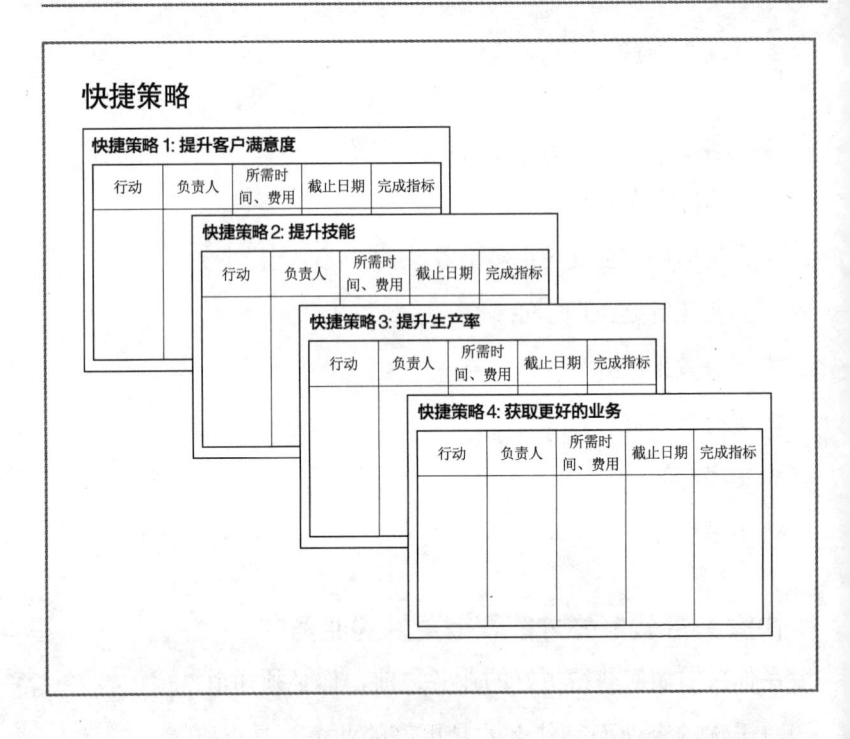

行动	负责人	所需时间、费用	截止日期	完成指标

对于这四张快捷策略工作表，我的赞美之词溢于言表。我们经常在自己的生意中使用这些表格，并将其推荐给与我们合作的每一个客户。

五乘五法则（5×5）

五乘五法则是我们所推崇的工作表中的另外一种。

你该何时使用？

对于参会者而言，这是一张重要的表格。在研讨会结束时使用这张表格，能够把你将要采取的行动进行整合，以确认你参会所获得的成果。

你该如何使用？

使用该工作表，会让你对某些关键决策深思熟虑并将其付诸文字。这要好于其他那些经常使用但相对模糊的工作表格（比如，今天你会作出怎样的结论？或者，你发现该课程的哪个部分最为有用？），因为它确实可以深入探讨你所要或必须采取的行动。作为参会者，你更关注于行动、成效以及产出，而不是舒适松弛、信手拈来的"做什么"之类的列表。对此我非常喜欢。

五乘五法则

- 我要完成（但还没有完成）的五项任务。
- 我要作出的五项决策。
- 我要充分利用时间的五种方法。
- 我要建立的五种全新联系。
- 我要采取的五个重大步骤。

行动要点

填写相应空白：

- 我要完成（但还没有完成）的五项任务。

 [比如，重新梳理数据库。行动：让乔（Jo）下周四前完成]

 1. ....
 2. ....
 3. ....
 4. ....
 5. ....

- 我要作出的五项决策。

 [比如，聘用一个新会计师。 行动：先让同事推荐，然后在随后的14天内去拜访可能受聘的新会计师（假设是四个），以便能在21天内作出决策]

 1. ....
 2. ....
 3. ....
 4. ....
 5. ....

- 我要充分利用时间的五种方法。

 [比如，当有员工为我工作时，不再浪费我的时

间。行动：要将所有不需要我亲自完成的任务委托出去；下周五之前培训全体员工，告诉他们做什么和怎样做]

1. ....
2. ....
3. ....
4. ....
5. ....

■ 我要建立的五种全新联系。

[比如，找出当地报纸商业版的编辑姓名，并邀请他（她）共进午餐]

1. ....
2. ....
3. ....
4. ....
5. ....

■ 我要采取的五个重大步骤。

[比如，三个月内任命一名非执行董事（如果有合适的人选）]

1. ....
2. ....
3. ....

4. ....

5. ....

  你想做的是什么？筹划这一过程是集中精力、排除阻碍的一种重要方式。

专业服务公司（PSF）：2010

汤姆·彼得斯（Tom Peters）是经营管理类书籍中常常被提到的大牌咨询专家之一。最近，他对如何运营专业服务公司（Professional Service Firm）做了大量的论述。他的探讨充满挑战和激情，其中所贯穿的观点和思想非常值得一提。

展望2010年的专业服务公司会如何表现，汤姆·彼得斯提出了一系列的重要主张，这对于壮大企业至关重要，可以分述如下：

高附加值的项目

你应该只做那些能为客户带来附加价值的项目，并且要超越标准规范。如果你做了"分外之事"，客户会回馈于你；如果你只做了"分内之事"，客户不会就此容忍。无论于你还是客户，只尽本分义务是绝对不能把事做好的。

尖端客户

不要只停留于维系简单客户，只重复以前所做的工作。只有那些富有挑战的客户才能真正推动你前进，并促使你考量你所提供的解决方案，这将提升你的工作质量。当然这类客户可能不太容易应付，而且你有时可能会对他们怀恨在心。但是这些尖端客户会诱发你想出其他从业者未曾考虑过的独特方案，而这一切给你的回馈就是让你的日常工作更出色。

令人赞叹的工作

简言之，你不应该去做那些会赶跑客户的营生——如果客户并不认为你是在提供一种超乎寻常的服务，而只是普通常见、平淡无奇的东西，那他们下次花钱就会移情别恋了。

炙手可热的人才

如果你想要最好的收效，就雇用最好的人员。此所谓"低薪无英才"。最近一个（小）客户说他们特别想要发展业务，因此他们就真的找来了一位"世界级"的管理经理，将其生意提高到了一个新的水平。这确有成效。

冒险文化

企业文化，可以被定义为我们处理周围事务的方式。因此，你在生意场中的做事方式如何？你的企业文化是冒险文化还是"一如往常"？在你的企业中工作会有多少激情？或者光顾你企业的客户会有多少激情？

专有独特的观察视角（PPOV）

你需要一门"学问"，一种属于你自己的做事风格。这样你对工作才能有一个系统性的衡量方法。通过你的风格，让你的客户看到你在做什么、怎么做的以及你是如何独树一帜的。

劳有所获的工作

老天不允许你去做那些劳无所获的营生，每逢至此，便是停止工作、收拾行囊回家的时刻了。我们必须只做那些**劳有所获**的工作。

何时开始？
现在！

自我评分

使用下表对你自己做个评价，"1"代表"从不"，"10"代表"总是"。

	从不　　　　　总是
我们做了"高附加值的项目"	1 2 3 4 5 6 7 8 9 10
我们拥有"尖端客户"	1 2 3 4 5 6 7 8 9 10
我们做了"令人赞叹的工作"	1 2 3 4 5 6 7 8 9 10
我们雇用了"炙手可热的人才"	1 2 3 4 5 6 7 8 9 10
我们具有"冒险文化"	1 2 3 4 5 6 7 8 9 10
我们拥有"专有独特的观察视角"	1 2 3 4 5 6 7 8 9 10
我们只做"劳有所获的工作"	1 2 3 4 5 6 7 8 9 10

因此……

要创立一个更好的专业服务公司，你可以做什么呢？马上列出五条。

现实案例

JWT 公司，是一家互联网的市场营销代理公司，有 125 名员工。其董事会感觉到整个企业已经了无生气，失去了创业火花，企业规模较小时曾经拥有的活力和激情也已消失殆尽。老实说，所有的一切都变成了一种折磨，员工们粗制滥造地抛出大量平庸淡漠的服务，来应付那些相当不起眼并不具挑战性的客户。

扪心自问，比照上述"专业服务公司 2010 表格"中的任何标准，董事会都无法对其企业给出五分以上的成绩。这很不幸，此时此刻不得不承认这样的现实：他们已经裹足不前，安于现状的心理远远超过了奋发向上的激情。

正如董事总经理委婉指出的那样，"该是企业做出增强活力的决策了"。尽管少数人离职了，但就总体而言，大家更愿意选择冒险来获得上表中尽可能靠右的得分。

这并非只是个简单的为增加乐趣的可笑练习，事实上，"乐趣"的增加也就意味着"危险"的增加。随着关注"专业服务公司 2010 表格"上的新焦点，他们开始寻求更有挑战性的客户和更有挑战性的工作，从而得以在竞争中胜出。同时企业可以进行风险更大但是赢利更加丰厚的工作。企业声誉大噪，订单也比往年上升了 35%。

"专业服务公司2010表格"促使各行各业的经营者来考虑他们如何接近市场。它重点关注"承诺(市场营销)"和"交付(经营运作)"之间的空白。请参照如下章节:"我是怎么做的?"(25页)。

陌生型客户、友好型客户、追随型客户：逆向市场营销

定式思维并非总是那么灵光，有时将其颠倒逆转更有帮助。

我将客户群和潜在客户群分为简单易懂的四类：

- **陌生型客户**：更为宽广的市场，他们不知道我是谁。
- **友好型客户**：我们所遇到的潜在客户，他们知道我们是谁，但是他们还没有从我们手中购买什么，因此我们与其之间还并非那么贴近！
- **追随型客户**：当前最喜爱我们的客户。
- **曾经追随型客户**：曾经的客户，已经不再热衷追随我们的产品！

定式思维

大多数市场营销人员将其时间和费用的预算分配如下：

- 60% 用于陌生型客户
- 30% 用于友好型客户
- 10% 用于追随型客户

换言之，他们将其市场营销的努力大多集中于他们并不了解的人群。

要将定式思维颠倒逆转

　　对于那些甚至对你一无所知的人群，花费大部分时间和金钱在他们身上，这看似超级愚蠢。这种做法没有任何意义。任何赌徒都倾向于把宝押在最有机会赢钱的地方。因此，我建议你应该考虑一下，如果你按照如下方式分配你的市场营销预算，会有什么奇迹发生：

- 10% 用于陌生型客户
- 30% 用于友好型客户
- 60% 用于追随型客户

　　如上这种方式，是将大多数努力花费在那些对你已有好感的人群身上，因为这些人已经对你有所喜爱。在这些客户身上投入较多的时间和努力后，他们会传颂口碑，会像是你的外交大使或者狂热粉丝一样进行推销宣传。他们深谙你的优劣所在，他们可以通过口口相传或者热情推介来帮助你的企业。好好考虑一下吧。

　　花点时间来考虑这种逆向思维吧，并将其用在适当的生意中——这一过程将会极大地提高你的市场营销效果。

销售漏斗 / 勘探漏斗：
客户关系和渠道

销售漏斗 / 勘探漏斗是一种工具，很多人对此一无所知，也有很多人非常痴迷。如果你没有使用该工具，那么你肯定会错失机会——这是个可以拓展你的能力来获得新客户的工具。

关于市场营销，其中一个非常普遍的问题就是：我理解所有的原理，也知道怎样将策略和销售计划整合在一起，但你如何将其实现呢？你需要什么样的手段去追踪监控你的行为呢？

那么就进入"销售漏斗"吧，准确地说，进入"靓点营销"的"销售漏斗"™吧。是的，我是在对注册商标开玩笑，但是任何曾经给我展示过"市场营销漏斗或渠道"的人，都对其附以各种商标和版权标志，好似他们在向世界证明，某些东西是属于他们的专有技术专利。这纯粹是一派胡言。

那么，什么是销售漏斗？

本质而言，设想一个漏斗。在漏斗的上部是所有你可以与之合作的人（目标），而从漏斗下端漏出来的，则是所有你将要与之合作的人（客户）。为了让这些客户不从漏斗中漏走，他们必须经历你销售周期的各个阶段，从预期客户到可能客户。

在以前的章节里（162页），我探讨过客户关系的各个阶段，客户会处在以下阶段：

- 陌生型客户
- 友好型客户
- 追随型客户
- 曾经追随型客户

这种划分方法，在理解客户群构成方面，其帮助是毋庸置疑的。而且这种方法也有助于本人理解"我是谁？应该成为什么？与谁沟通？"之类的问题。

作为一个考量客户群的不同方式，我们运用的是一个类似的模块，但对于客户的划分是基于我们已有的客户关系所处的阶段与类型。

当客户与我们之间的关系日益贴近，即逐步穿越了陌生型、友好型、追随型各个阶段时，他们会经历一系列的阶段和活动。

大多数顾客都是经历了以下阶段而成为客户的：

- 目标　陌生型客户
- 沟通　友好型客户
- 建议　友好型客户
- 客户　追随型客户

首先，顾客是一个**目标**——他们与我们不期而遇，看到了我们的名片、广告或网站……

然后，顾客会与我们**交流**——我们会向他们讲讲，怎样能使本公司的产品和服务来满足他们的需求……

其后，顾客提出要求，我们会给出**建议**——我们对这一业务给出报价……

最后，顾客成为了**客户**——他们从我们手中购买产品或服务……

接下来的步骤

你可能开始推算，有多少顾客从一个阶段过渡到下一个阶段了。

比如说，如果你有800名访客（目标）浏览你的网站，然后可能有50%的客人开始与你对话（沟通），与你讨论你是否有可能为他们提供帮助。那么在这400轮对话中，可能会有50%的人要求提供建议方案或报价。在你所提供给客人的200个建议方案之中，可能会有50人转变为真正的客户，平均每人花费若干。随着时间的推移，关于每个阶段将有多少人会最终成为客户的预测数字和概率，你就会了然于胸了。因此，你必须向自己提出这些问题：

■ 你在开发目标**客户**时，能否做得更好？

你当然能，——做更多的网络宣传、更多的广告，去与更多的人进行沟通。

■ 你在与潜在客户进行**沟通**时，能否做得更好？

你当然能——听听销售课、个人发展课，或者肢体语言课。

■ 你在书写**建议方案**时，能否做得更好？

——你当然能。

■ 你在把客人从建议阶段转变为真正**客户**时，能否做得更好？

——你当然能。

在销售漏斗的每个阶段，些许改善都能够带来非常显著的效果。每一阶段仅仅10%的提升，就能使目标客户转变成真正客户的成功率提升46%！（不积跬步无以至千里，不积小流无以成江海）

销售渠道变动表

	现状	改变	新情况
目标	800	提升10%	880
目标到沟通的转化	50%	提升10%	55%
沟通	400		484
沟通到建议的转化	50%	提升10%	55%
建议的数量	200		266
建议成功	50%	提升10%	55%
成功的建议	100		146
			46%

销售漏斗对于那些成功的、不断发展壮大的企业而言是关键性的工具之一。由于你并非处于最佳位置，所以对于潜在客户转变路线及其所经历的不同步骤（测算和追踪不同阶段的潜在客户数量）的了解，能够促使你合理运用这一工具，以确保你加快营销周期，不错失每个客户。

客户基本原则

我第一次见到与下表非常相似的表格是在互联网刚开始盛行的时候。虽然自1998年以来,某些技术可能已经进步了很多,但当帕特里夏·西博尔德(Patricia Seybold)(管理学和电子商务大师,帕特里夏·西博尔德集团的创立者和首席执行官,该集团是一家重要的电子商务和咨询公司)谈及客户基本原则时,她确实一语中的,切中了要害,对此我们应该牢记。

为了简洁起见,我以如下简表的方式再现了帕特里夏·西博尔德的"法则"。

客户基本原则

- 不要浪费我们的时间
- 要牢记我们是谁
- 尽可能让我们感受到订购的简捷和周到的服务
- 确保你的服务让我们满意
- 按照我们的具体要求研制产品和服务

创造一项独特卖点（USP）

我们经常会问，如何才能创造一种独一无二的卖点。提到这个词往往会令人想到那些蹩脚的管理学术语，看似包罗万象但又无所指。

独特卖点（Unique Selling Point）或称独特销售方案（Unique Selling Proposition）的概念，在20世纪80年代的市场营销和MBA领域中非常时髦。现在看似有点失宠了，这点确实令人汗颜，因为它的确是个很好的工具，有助于你思考什么因素可以促使你的生意与众不同。事实上，独特卖点形式多样，它是一分钟标志、电梯演讲、声音标志的前身。（参阅"一分钟推介"）

USP 是什么？

独特卖点就是我们曾经提到过的"用什么造就你的独特性"。

USP 现在是多余的吗？

远非如此。它是个很好的工具，让你和你的生意伙伴来诠释什么可以造就你的与众不同。

USP 的作用方式怎样？

大多数人已经有意识来寻求某种方式来突出他

们自己的独特卖点。以下是我们使用的工作表,以助大家来理解他们的独特卖点。

因此重点是,请填写下表。

- 你知道某些公司或竞争者的做事方式……
- 这意味着……
- 那么,我们所做的是……
- 这意味着……

现实案例:让我来举个实例

- 你知道某些培训公司的做事方式……

   声称一切为客户量身定做,但实际上只是更改了工作手册的商标而已……

- 这意味着……

   你感觉上当受骗了,并没有获得什么独特的产品……

- 那么,我们所做的是……

   花一天的时间思考你的这笔业务,这样我们就能理解你的真正所需(而非你所想的)……

- 这意味着……

   你得到了一套绝对适合你需要的培训方案。

> **现实案例：另外一个实例**
>
> ■ 你知道某些企业是怎样宣讲的……
> 充满了学究式的花哨。
>
> ■ 这意味着……
> 关于如何进行企业经营，他们自视聪明的理论让你得到的只是无聊的愚见……
>
> ■ 那么，我们所做的是……
> 仅仅探讨我们在自己生意中的所作所为……
>
> ■ 这意味着……
> 你得到的是100%现实世界基础上的真知灼见。

创造一种独一无二的卖点　　　　　　　　　　　　　　表一

你知道某些公司如何努力地寻找这样一家供应商：

....

....

这意味着：

....

....

创造一种独一无二的卖点   表二

那么，我们所做的是：

....

....

这意味着：

....

....

独一无二的卖点可能并非一个全新的概念。人人都拥有一种真正独特的产品，这种情况也不太可能存在。然而，这仍然是个很有价值的练习，可以借此挑战你的思维，迫使你深入思考什么使得你的供给与众不同（同时运用并利用这些知识）。

影响力图表

影响力图表是我们研讨会经常谈及的工具之一，它并非属于"庞大"工具之列，但很多人都认为该工具的作用超级大。

它是什么？

影响力图表是一个工具，促使你思考下列问题：
- 你都认识什么人？这些人能给你的企业带来多大影响？
- 你都认识什么人？这些人会如何帮助你的企业？
- 你可以采取什么行动，来促使这些人为你工作？

怎样发挥它的作用？

1）列出你所认识的人，比如20人。

2）对于他们如何能够帮助你的企业，写下一个百分比。

3）他们能给你的企业带来多大影响，写下一个百分比。

4）行动：谁是最有影响的人？谁是最有影响而且能够帮助你的人？谁是你可以争取让他们承诺付出更多的人？谁是你应该安排对话或者会面的人？把你需要采取的行动写下来。

影响力图表

姓名	努力情况（%）	影响力情况（%）	行动

这的确不是什么"庞大工具"……但是，它不失为一个很好的工具，有助于你重新思考：谁会支持你？谁应该会支持你？你如何能让更有声望/影响的人支持你？

第三章的结论

本章为第二章"普遍适用的有效工具"中所列的工具提供了进一步的选择，也许你会发现其中某些工具对于你壮大企业非常有用（当然也有并不太适合你的具体业务）。

接下来，**第四章**将会介绍"靓点营销宣言"。

第四章
靓点营销宣言

宣 言

在最后一章中，我们通过一系列的法则、关键问题以及宣言本身将靓点营销整合成"理论"。第二章和第三章给读者提供了很多靓点营销的工具，关于**靓点营销**"是什么？"和"怎么做？"的工具包。这一部分是最后一章，包含了主要的文献，以帮助你理解**靓点营销理论**的形成。

市场营销的不变法则

我们在此所考虑的是市场营销的不变法则——这16条法则会让你明白，把客户吸引过来并能成功地保持住他们的原因是什么……这是以客户为中心的市场营销的不变法则（用于新兴或成长型企业）。

市场营销的不变法则表明，新兴或成长型企业（或任何类似企业）需要简单易行的、常规化的和可操作的营销帮助。下述法则是在我的朋友兼同事蒂莫西·卡明（Timothy Cumming）的帮助下收集的，顺序不分先后。

16条以客户为中心的市场营销不变法则（用于新兴或成长型企业）

1. 认知法则
2. 提问法则
3. 精准法则
4. "定位不同，策略有异"法则
5. 时间法则
6. 整合法则
7. 指挥法则
8. 评估法则
9. 第一法则

10. 棘手的延伸法则

11. 帕累托法则

12. 成败法则

13. 可逆性法则

14. "问题、特征、功效、利得、证明"（P-FAB-P）法则

15. 产品生命周期（PLC）法则

16. "傻瓜型产品"（KISS）法则

1. 认知法则

市场营销是一场认知的战争，而不仅是一场产品的战争。

大多数人似乎认为，在争取客户的战争中，只有最好的产品才能够获胜。事实显然并非如此。胜出的产品是那些客户所相信的最好的产品，可以由客户是否购买得以证明。

在顾客的决策过程中，产品的品质或功能可能是重要的一部分，但多种形式的劝购也将会影响顾客的想法——品牌形象、公司声誉或者同类竞争者的比较，以上仅列举几项，所有这些均属于认知范围。手头的工作就是要赢取客户的心理。

2. 提问法则

有提问才有应答，有应答才有关联，有关联才有利润。

做到"客户至上"的最容易的方式之一，就是去问问题（并且要尊重客户的回答）。你问的问题越多，你获得的竞争优势就越多，你的客户关系就变得越牢靠。要使客户感觉到在自我操控，问题要提得恰当，才能发现他们真正所需要的。

3. 精准法则

能否准确地划分市场，会严重影响你的获利能力，因此要仔细划分。

仔细划分你的市场，使其各具特色，并且是你的强项。这样才有钱可赚。把精力放在这一部分上，舍弃其余的市场部分。这会在产品推广和生产经营方面节约你的资金，同时还会加强你的销售业绩。要分辨出你能够真正取悦的客户群。

4. "定位不同，策略有异"法则

你的策略取决于你的定位。

如果你在潜在客户心目中并没有获得第一的位次，那你就必须采用其他策略了。在第二的位置上，你必须要同市场第一的领先者有所区别，否则你看上去只会像是个黯然神伤的模仿者。

将自己区别于他人的最好做法，就是在差异点和对台戏上大做文章。

例如，"我们是专业和全面的，因此有时会需要点时间，但这值得等待"；"如果你不想被当作是某个数字的话……"；"我们提供固定的价格包"等等。

针对你的定位，给出恰当的策略。

5. 时间法则

市场营销的回报会在较长时期内显现。

要知道，短期收益（当天的销售）可能是以长期销售为代价的。你的"供给"必须是一致的，而且必须是一贯一致的。某个销售价格可能意味着，你在其他的时间定价过高——其结果就是你未来的溢价销售会缩减，因为客户会等待下一次的销售报价。

要注意长期和短期的关系。短期收益看似不错，但是以什么成本代价获得的？确定你的目标，并准备为此付出代价（可能需要提前作出准备）。

6. 整合法则

如果市场营销不是全公司范围的，那么它一无是处。

如果只有市场营销或者销售人员在高举营销大旗，那你就陷入困境了。如果事实并非像所说的那样光彩夺目，客户在解读你的营销信息时，就会将其视为是随口空诺和牛皮大话了。对于每次的商务活动，都要倾全公司之力来计划和涉入市场营销的各个方面。

要教育你的生产／经营人员、行政经理、接待人员，让他们在"客户至上"方面，能够自知其责。

7. 指挥法则

管理队伍是改进提升的核心。

除此之外，你不会从别处获得奇迹般的改进！要从你的管理团队着手，来驾驭你的市场营销方案。让全员投入，但要优先从高层全力去推动。否则如果让其他事情优先取代，那么前行道路就遇到实际障碍了，你的营销发展计划也就深陷无为泥潭了。

8. 评估法则

不要只是评估——还要解读。

当然，尽你所能去评估一切——如果你不能追踪你的目标进度，那么这个目标就不值得付之于笔端了。但是不要做一个单纯的专职统计员，要对结果进行分析，要它的走势的内在含义以及比较之后的结果。一句"对售后服务需求的关注度增长了48%"，可能被解读为，"产品需要调整，客户需要更牢固的关系"。

9. 第一法则

如果在现有的市场分类中你不是位居第一的话，那就创造你自己的市场类型，或者创造在客户心目中的第一。

不管在什么类型的商场，人们都喜欢购买排名第一的产品，他们相信排名第一的产品要胜于其他（否则为什么它们会成为排名第一呢？）。因此你总能成为"西方最佳"、"第一家墨西哥式的外卖餐馆"、"最初的一站式商店"、"唯一保证现金退款的打印机"等等。如果客户喜欢市场领先者，那么就想方设法去领先。

如果你在分类市场中的排名不是第一，也并非一无所剩。起个更简单的名字便于记忆，或者弄个新产品（更好的、更快的、更便宜的、更迅捷的，或者更好看的），顷刻间你就会在客户头脑中掀起民意投票。大脑是如何只让两三个名字与一种产品或服务相联系的，这一过程非常奇妙。正是这一原因导致了那些新名头可以将某个已显老旧、"缺乏活力"的知名产品从榜单前列挤出去，而突然间变成了家喻户晓的名字［戴森（Dyson）清洁剂就是个最好的例子］。如果在售的新玩意可以印象持久，那么它们就可能抢在那些所谓"陈旧但可信赖"的产品前面。因此知名产品要注意了：我们生活在一个不断变化的世界，你不可能躺在曾经的桂冠下一劳永逸，尤其是你曾在一段时间内名列前茅。

10. 棘手的延伸法则

延伸产品线或者打入新市场的欲望难以遏制，长期来看可能会击垮自己，延伸的同时，"品牌价值"也总是会越来越淡薄。

一个产品或服务，其良好的品牌和声誉不会必然延伸到一个全新的领域或市场。某些品牌能做到（却付出了何种代价？），而其他品牌却做不到。要清楚"做自己确实不擅长的事情"会有多么困难，否则就别自欺欺人了。

白天营业的咖啡店认为它也能做外卖或者豪华晚宴，一家熟食店认为它也能经营三明治、面包圈。当你涉足一个全新市场或产品领域的时候，你只是"并不了解你自己的无知所在"——你总该对机遇进行理性的评估。（参见安索夫矩阵）

11. 帕累托（Pareto）法则

"80∶20"法则无处不在，为了更加有效，要将无效之事砍掉，将精力集中在有效的努力方面。（这一法则在本书中也是无处不在！）

帕累托的"80∶20"原理，我们随处可见，80%的利润来源于20%的客户，80%的销售来源于20%的销售人员，还有，倒过来，20%的销售可能产生80%的利润。如果你想把活计干得更漂亮，就在那些高度有效的事项上集中精力，而将其他忽略掉吧。

在你排名前20%的客户下画一条线，然后通知剩余客户提高产品价格，从而获得与那些获利丰厚的客户相类似的利润。对于这个游戏，有些客户愿意接受，这很好；有些客户不愿意接受，这也不差，因为你也不愿将其生意放在首位。谁愿意成为一个劳而无获的傻瓜？

因此，要发掘你前20%的客户的特征，而且要找出更多类似的客户。

12. 成败法则

成功与失败相伴相生，犯个错误也没问题，但你必须要从中有所习得。而且请记住，成功不是与生俱来的。

失败是学习的一部分，如果你没有偶尔失败过，那么你就不可能承担太多风险。在灾难降临之前，认识到一次失败，就能减少你的损失。对于生意失败而感到不可饶恕，这只是"英国方式"。要不你如何发现有个想法非常有用而你没有亲自试验？这种情形就是你必须为之付出的代价。

成功可能会和失败一样具有破坏性。健康的银行账户、相关领域榜单第一的排位，都会使得机构自大、头脑冲动、行动迟缓，他们开始相信自己的神话。然后，相应的竞争就悄悄进入并潜滋暗长了。

当你是市场第一时，是最易受攻击的时候。每个人都想把你从高位击落，都想削弱你的价格，从你手中抢走一些生意。客户开始将你作为一个参考值，但是可能以更低的价格购买貌似雷同的产品。

13. 可逆性法则

从一开始就把结果铭记于心，并自担后果。

如果你能一开始就想到结果，那你就能描绘出到达彼岸的晋升之阶。从预想中的场景回眸审视，你就会明白必须要做的事情。这是个谋划未来的更富有成效的方式，因其指出了前行道路上的所有潜在障碍。记住，客户之所以购买或者拒绝你的产品或服务，总是有原因的。理解了这点，你就能确定你想要的效果，但这需要奉献和规划。

14. "问题、特征、功效、利得、证明"（P-FAB-P）法则

客户购买利得和证明——将产品的功效和特征展示给客户，但要确保利得和证明能够解决客户的问题。

要从客户的视角来看待事物。俗话说，如果你要理解印第安人，就穿上他们的鹿皮鞋子走上一天。当你从客户角度出发的时候，始终考虑"产品于我而言有何用处？（What's In It For Me？=WIIFM？）" "P-FAB-P"是指，问题（Problem）、特征（Features）、功效

（Advantages）、利得（Benefits）和证明（Proofs）。作为生产者，我们全神贯注于产品的内涵（比如特征）。客户更关心的是，产品能为他们带来什么（他们关注利得）？以及我们能怎样证明这些利得（证明）。每次销售的语调都应该运用这样的词汇"那就意味着……"来确保：你在阐述你的产品可以如何解决客户的问题。

15. 产品生命周期（PLC）法则

产品生命周期（The Product Life Cycle）会贯穿于你的整个工作。

长期看来，几乎每个产品都会经历一系列的成长阶段（概念、诞生、艰难发育、壮大、青春期、成熟及死亡）。你可能试图延长或者重振某个阶段，但是上述规律不会因此改变。理解了上述规律的存在，能促使你调整策略以应对或抵制当前所处的阶段。

也要记住风潮和趋势之间的区别。风潮是短暂的（尽管产品生命周期法则揭示了某种风潮可能会回归，但这种回归是以转世状态或轮回时尚而得以表现的）。

16. "傻瓜型产品"（KISS）法则

要让产品傻瓜化（Keep It Simple Stupid）。

这是关于市场营销失败原因（第16页）章节中

的原因之一。只要你不把产品搞得过于智能或者复杂，市场营销可以是非常有效的——复杂性无助于客户。

你可以运用上述16条法则来改善自己的生意，每次考虑一条或者全部，从而帮助你提升营销能力。

关键问题

关键问题：一个可供你参考的极好的问题表。

请将此问题表随身携带，比如，一次火车旅行。要认真考虑每个问题，——不要只是回答问题，却未曾思考此答案的应用。

你可能希望非常认真地思考其中某些问题。其目的并非在于回答问题的速度，而在于对自己的答案和其对企业的深层含义要有所反应。

1. 你所从事的到底是什么生意？

....

....

....

2. 你从何处赚钱？

....

....

....

3. 你的竞争地位有多好？

....

....

....

4. 这个行业是个很好的行业吗？

....

....

....

5. 你的客户在想些什么？

....

....

....

6. 你如何迅速提升利润？

....

....

....

7. 你如何建立长期价值？

....

....

....

8. 你如何做到与众不同？

....

....

....

9. 什么投资才能巩固你的差异性？

....

10. 什么是你的竞争优势的关键来源？

11. 你需要做些什么来使自己有所不同？

12. 你必须保持什么？你必须抛弃什么？

13. 你怎样才能简化业务，从而使客户价值至少提升50%？

14. 你的战略是不是非常复杂？所有伟大的战略难道都不是很简单的吗？

15. 核心想法——你的企业理念是什么？

　　..

　　..

　　..

16. 哪些人是你的目标客户？

　　..

　　..

　　..

17. 你所真正了解他们的是什么？

　　..

　　..

　　..

18. 你能详细描述一个典型的客户吗？

　　..

　　..

　　..

19. 你在解决什么问题？

　　..

20. 为什么客户最终会买你的产品?

21. 为什么客户会从你的手中购买这些产品?

22. 为什么你的代表性客户会从你手中购买产品?

23. 哪些客户比较冷淡?

24. 哪些客户让你疯狂?

第四章 靓点营销宣言

25. 你应该和他们打交道吗？

　　...

　　...

　　...

26. 你能提供什么好处，而你的竞争对手却不能？

　　...

　　...

　　...

27. 如果你可以只用两句话来描绘你的生意所在，它们是什么？

　　...

　　...

　　...

28. 你的公司以什么著名？

　　...

　　...

　　...

29. 你提供给客户的"价值主张"是什么？这种价值主张，客户无法从别处获得。

　　...

　　...

　　...

30. 哪些人是你最有赚头的客户？
....
....
....

31. 这些客户以何种速度离你而去？
....
....
....

32. 这些客户为何离你而去？
....
....
....

33. 谁是你最激烈的竞争者？
....
....
....

34. 这些竞争者的计划是什么？
....
....
....

35. 这些竞争者的成本利润情况如何？
....

36. 你真的知道客户对你的想法感受吗？

37. 哪些人是当前新的或者较小的威胁？

38. 你的产品供给是恰当的吗？

39. 你的供给方式是最有效的吗？

40. 你的经济供给成本是尽可能最低的吗？

41. 较之于你最强的竞争者，你是和他一样好还是比他好？

....
....
....

42. 你是否服务于尽可能宽泛的市场？

....
....
....

43. 你有某些独到之处吗？使客户光顾你而非他人的原因是什么？

....
....
....

44. 如果是上帝，他看到你的市场计划会大笑吗？

....
....
....

45. 关于你的生意，是什么可以让你在黑暗中也可以保持清醒？

....
....
....

46. 你的目标是什么？你想试图获得什么？

....

....

....

47. 什么可以让你克服障碍，并且（或者）达到目标？

....

....

....

48. 如果你有一个魔杖，你会对你的企业作出何种改变？

....

....

....

49. 当前什么因素阻碍你的魔杖施展魔法？

....

....

....

50. 对于生意的成功，哪三项是最关键的？

....

....

....

51. 20% 的客户可以贡献 80% 的利润是哪些人？

52. 哪些人是你的前五名大客户？上个月这些人对你贡献多大？

53. 哪些客户是不赚钱的？

54. 哪些客户你应该放弃？

55. 哪些产品（服务）你现在应该提高销售价格？

56. 哪些表现欠佳的产品（服务）你现在就应该放弃？

57. 哪些产品（服务）你应该集中精力扩大销售？
....
....
....

58. 于你而言，成功是什么？
....
....
....

59. 于企业而言，成功是什么？
....
....
....

60. 你的企业象征着什么？
....
....
....

61. 你所做的工作是充满激情的还是沉闷乏味的？
....
....
....

62. 什么使得你所做的工作充满激情？

　　..

　　..

　　..

63. 你所做的工作要紧吗？

　　..

　　..

　　..

64. 你怎样才能提升效果呢？

　　..

　　..

　　..

65. 你是在推动、引导还是煽动客户呢？

　　..

　　..

　　..

66. 如果你的企业是某种动物，那么是什么动物？为什么？

　　..

　　..

　　..

67. 你希望你的企业成为何种动物？为什么？

　　..

68. 你必须做些什么，才能使自己的企业由现在的动物转变成为你希望的动物呢？

69. 如果你的企业是个岛屿，那么是何种类型的岛屿？

70. 经营你的企业就像骑自行车，因为……

71. 如果你的工作时间可以减少一半，你会做什么来使你的利润翻倍？

72. 如果理查德·布兰森爵士（Sir Richard Branson）接手了你的生意，他会做什么？

73. 如果同你最接近的对手接管了你的生意，他们会做什么？

74. 你怎样才能更加幸运？

75. 你倾向于使用何种借口？

　　笔者恳请，通过运用这些问题列表，使你更加注重：怎样才能获得更多更好的客户，让他们光顾你的生意。

箴言片语

关于怎样做生意，如同关键问题一样，这些箴言片语是对你的设想提出挑战的重要方式。这些箴言的目的并非只是让人更加聪明，而是让你思考如何改进自己做生意的方式。

■ 给产品树立品牌

你必须要传达你的品牌。你生意的所有一切，都会传达出某些东西。因此你想要传达的东西是什么？首先要决定：什么是你想要传达的东西以及传达给谁。

■ 给你自己树立品牌

对待自己，就要像企业对待自己的品牌一样。你必须去计划和酝酿有关方面的策略：你所代表的是什么？你所做的是什么？你想在何处被关注？你想因何而扬名？你的独特卖点（USP）是什么？

■ 坚持一贯

不要为了改变而改变。如果它没有问题，就不要调整它。对于重新创造、重新设计那些完美无瑕的事项，我们花费太多时间沉溺于其中了。

■ 争取客户认同并对其进行产品销售

传统的批量销售技巧，完全无效而且成功率很低。要寻找客户，得到他们的认同并与之保持联系。认同你并同你保持联系的客户，他们光顾于你的可能性会高出10倍。

■ 人们喜欢自主购买，痛恨被动兜售

在今天一对一的市场环境下，客户讨厌那些被训练糟糕的销售人员**兜售**，但喜欢**自主**地从你手中**购买**产品。要劝诱客户光顾你的生意，但不可将其视为傻瓜。

■ 战略的所有一切就是为了交易

战略，就是在清楚了解商业环境的同时，有关计划统筹的一切内容。战略就是要了解"做什么"和"不做什么"。

■ 创造营销空间

把自己和竞争对手区别开来，做到与众不同。

■ 集中精力于重要事项

什么是紧急事项？什么是重要事项？要知道二者之间的分别。无论是对于你还是企业，你必须知道哪些事项是确实重要的。而且，如果你知道哪些事项是确实重要的，你就知道什么是不太重要的，以及什么是确实不重要的。应付那些绝非最重要的事项时，你可以用些什么样的借口？

■ **首先要去理解别人，然后要寻求别人的理解**

你有两只眼睛、两只耳朵，但只有一张嘴。当沟通的时候，要以这种比例来运用它们。先听着、看着，然后再发言。你必须在能够对你的听众提供帮助之前，先理解你的听众来自何处。所做稍有不足，就显得自大冒昧。

■ **持续推动，不要局限于你的行当**

当雷·克罗克（Ray Kroc）创立麦当劳时，他从未打算只局限于烹制汉堡包这个行当，他总是试图不断努力扩大生意。如果你只局限于某个行当，就不能将这个生意持续做大了。因此有多少时间你必须花费在持续扩大生意而非局限于某个行当？

■ **多花点时间思考，少花点时间蛮干**

用来思考的时间要尽可能多，而蛮干的时间要尽可能少。一个机构领导的角色，就是要花时间俯视局势并作出宏观判断。

■ 更少即更多——简化一切

　　概念越简单，其力量越强大。慎重利用你的时间和资源。

■ 善于发问，莫嫌蠢笨

　　想人之未想，言人之未言。除此之外，怎样和竞争对手有所不同？

■ 审视迷雾指数

　　要考虑你决策所赖之基的精粹所在。那是个事实、观点还是猜测？

■ 不再助人，任其失败

　　只有自尝其错，才能有所习得。

■ 不要回避激情

　　如果每个公司都想取悦客户，那我们为什么没能让大多数客户天天快乐呢？

　　不要寻找借口——现在就行动。

　　你可以花一分钟、一小时或一天的时间来考虑上述任一箴言片语在你生意中的应用。

靓点营销并非无所不能

尽管靓点营销的整体方法成本不高,但并不意味着其在实践中是免费的。首先,你总要花点时间代价来阅读此书——毕竟,此书是你最宝贵的财富,因此要认真阅读并运用它。

你可能必须要花点钱

当你确要花钱之时,就要花好用好。你会需要一个专业的形象标志、网站,正如我们在研讨会里所说的那样,"你有可能花小钱而获大利"。

但它不仅仅是钱的问题

如果你并不将本书付诸实践,那么本书的所言各项,完全是对你时间和金钱的浪费。

本书一切皆关乎行动,就此决策并付诸行动吧。

靓点营销宣言

靓点营销的23条重要"定律":

1. 如果在"精益求精"和"与众不同"之间进行选择,每次都是"与众不同"获胜。
   ——最理想的是,你应该与众不同而且精益求精。

2. 当客户可以从其他竞争者那里购得产品的时候,为什么会多此一举来光顾你的店家?
   ——什么使你与众不同?

3. 市场营销不是一场产品之战,而是一场客户认知之战。
   ——你将怎样赢得这场战争?

4. 由于自己的所作所为让企业声名远扬。
   ——那么使你声名远扬的到底是什么?它们是恰如其分的吗?

5. 要以自己投入企业的激情和热情来感染你的客户和员工。
   ——他们都是你的形象大使!

6. 销售包罗万象。
   ——大多数企业都认为他们的产品或服务都非常之酷,那会有什么问题呢?那就去上一堂正规的销售课吧。

7. 现在就提价。

   ——95% 的人并非因价格而购买，不管他们嘴上说什么。

8. 客户对你的认知，其重要性要远远超乎你的想象。

   ——因此现在就做个客户调查吧。

9. 要以传奇式的服务将你的客户拿下。

   ——否则他们会陆陆续续弃你而去。

10. 要挑选出你的目标客户，然后集中关注这些客户以及他们的所欲所求。

    ——而将其他统统忽略。

11. 要让专家模式发挥作用。

    ——要成为该领域或业界的领导者，而不是跟随者。

12. 无所畏惧，勇往直前。

    ——你不会死掉的。

13. 不要打价格战。

    ——总有人在某些地方比你做得更便宜，你最不适宜的就是打价格战。

14. 要充分了解和运用你的销售渠道。

    ——怎样才能更快地把客户从目标客户转化

成现实客户？

15. 要做做数学题。
——恰当环节的微小改变会有巨大收效。

16. 对于你的市场营销活动，要制订资金和时间预算。
——而且要重点关注结果。

17. 要花点时间与怪异之才相处。
——如果眼睛老是盯着计算机屏幕，并不能获得伟大的创意。

18. 要让"80：20"法则发挥作用。
——要专注于少数重要法则和琐碎多数法则，使其行之有效——要忽略掉20%、30%、40%或50%的客户（或供应商、员工）。

19. 要寻找商机。
——如果你没有寻找商机，那你的竞争者肯定会寻找商机。

20. 要让客户的购买简单容易。
——要使其尽可能简单方便。

21. 要非常痴情于你的生意。
——要牢牢管控你的生意。

22. 要排除那些限制自我的想法。

——什么阻碍着你的前进？

23. 不要延迟耽搁。

——请求谅解比请求允许更加容易，马上行动吧。

靓点营销宣言就是行动的召唤。它将靓点营销人员的理论和方法囊括整合在一起。"现在就开始吧。"

参考书目 / 扩展阅读

Beckwith, H. *Selling The Invisible*. Texere, 2002

Blanchard, KH & Bowles, S. *Raving Fans: Revolutionary Approach*. HarperCollins, 1998

Bly, RW. *Become A Recognised Authority*. Alpha, 2002

Craven, R. *Customer Is King*. Virgin Books, 2005

Craven, R. *Kick-Start Your Business*. Virgin Books, 2005

Cumming, T. *Little e, Big Business*. Virgin Books, 2002

Directors' Center. *Selling Survey*. Directors' Centre, 2004

Edwards, P&S et al. *Getting Business To Come To You*. Tarcher, 1998

Gitomer, J. *The Sales Bible*. John Wiley & Sons, 2003

Godin, S. *Unleashing The Ideavirus*. Hyperion, 2001

Godin, S. *Permission Marketing*. Simon & Schuster, 1999

Godin, S. *Purple Cow*. Gardners Books, 2004

Hall, D. *Doing The Business*. Virgin Books, 2002

Harding, F. *Rain Making – Attracting New Clients*. Adams Media, 1994

Hayden, CJ. *Get Clients Now*. Amacom,1999

Klaus, P. *Brag! The Art Of Tooting*... Warner, 2003

Koch, R. *The 80:20 Principle*, Nicholas Brealey, 1996

LeBoeuf, M. *How To Win Customers And Keep Them For Life*. Berkeley, 2000

McKenna,R. *Relationship Marketing–Successful*... Perseus,1993

Levinson, JC & McLaughlin, MW. *Guerrilla Marketing For Consultants*. J Wiley & Sons, 2004

Maister, D. *Managing The PSF*. Free Press, 2003

Maister, D. *The Trusted Advisor*. Free Press, 2002

Misner, IR. *Seven Second Marketing*. Bard Press,1996

Misner, IR. *World's Best Known Marketing Secret*. Bard Press,1999

Ogilvy, D. *Ogilvy On Advertising*. Vintage,1985

Peters, T. *Re-imagine*. Gardners Books, 2004

Peters, T. *The Circle Of Innovation*. Vintage,1999

Ries A, and Trout J. *Positioning: The Battle For The Mind*...McGraw Hill, 2001

Sanders, T. *Love Is The Killer App*. Three Rivers Press, 2003

Seybold P. et al. *Customers.com: How To Create A*... Times Books,1998

Van Yoder, S. *Get Slightly Famous*. Bay Tree Publishing, 2003

www.bright-marketing.com

Website of the book–for articles, case studies, tools... This website contains a password protected area of free extras for readers of the book. (The password is 'bright'.)

www.directorscentre.com

The Directors' Centre

www. robertcraven. co. uk

Robert's own website

作者简介

罗伯特·克雷文始终都在和那些雄心勃勃的经理人携手并进，他们的企业往往处于快速成长阶段，但他们坚信自己能够做得更好。

克雷文被《金融时报》（*The Financial Times*）誉为"卓越的企业界大师"，英国克兰菲尔德管理学院（Cranfield School Management）称他是"成长型企业不可多得的当代约翰·哈维·琼斯（John Harvey Jones）"。

在大学的最后一年里，罗伯特开始了人生中诸多的第一次（先后创办了饭店、咖啡店、培训公司、录音棚）。之后，他在英国华威商学院（Warwick Business School）为企业家及公司开设咨询培训班长达五年。他从1998年开始经营自己的咨询公司。他在经营方面所展现出的才华，使他成为英国当下最为知名、万人追捧的商界精英之一。

他并非满腹经纶，一味说教，他更注重提供切实可行的解决方案——实实在在的商业成果。罗伯特在市场营销和战略方面多有著述，并成为成千上万的成长型企业的行动指南。

他的两本专著《开创你的企业》和《顾客就是上帝》，堪称"真正鼓舞人心的杰作"（见《独立报》The Independent），曾在业内风靡一时，成为商务宝典。理查德·布兰森爵士亲自为其作序，让众多商界新手获益良多。

罗伯特在帮助企业确立方向上，是令人印象深刻的。加之他在董事会层面的广泛经验，你就会明白，对于与他共事的各个企业，他能够创造增值的独特原因和方法了。除了参与大量的演讲活动，对于英国大量的成长型企业而言，罗伯特不但为其做咨询工作，也是其私人的良师益友，更是其领导人。

罗伯特经营着"经理人中心"，对于成长型企业而言，这是家一流的管理咨询公司。

罗伯特和他的爱妻，还有两只小狗、两只小猫住在巴斯（Bath）附近的郊区。他的三个优秀的孩子已经长大成人、自立门户了。